全国教育科学规划教育部重点课题《中
（1998—2020年）》（项目批准号：DJA200307）项目成果

高职的历程

——中国高等职业教育口述实录（1998—2020年）

辛宪章 / 著

吉林大学出版社
·长春·

图书在版编目（CIP）数据

高职的历程：中国高等职业教育口述实录：1998—2020 年 / 辛宪章著. -- 长春：吉林大学出版社，2025.6. -- ISBN 978-7-5768-5093-2

Ⅰ．G719.29

中国国家版本馆 CIP 数据核字第 2025AF7611 号

书　　名：	高职的历程——中国高等职业教育口述实录（1998—2020 年） GAOZHI DE LICHENG——ZHONGGUO GAODENG ZHIYE JIAOYU KOUSHU SHILU (1998—2020 NIAN)
作　　者：	辛宪章
策划编辑：	卢　婵
责任编辑：	王寒冰
责任校对：	孙　群
装帧设计：	叶扬扬
出版发行：	吉林大学出版社
社　　址：	长春市人民大街 4059 号
邮政编码：	130021
发行电话：	0431-89580036/58
网　　址：	http://press.jlu.edu.cn
电子邮箱：	jldxcbs@sina.com
印　　刷：	武汉鑫佳捷印务有限公司
开　　本：	787mm×1092mm　　1/16
印　　张：	11
字　　数：	150 千字
版　　次：	2025 年 6 月　第 1 版
印　　次：	2025 年 6 月　第 1 次
书　　号：	ISBN 978-7-5768-5093-2
定　　价：	78.00 元

版权所有　翻印必究

前　言

口述史方法起源于 20 世纪 40 年代的美国，历经半个多世纪的蓬勃发展，已广泛应用于人类学、历史学、档案学、民俗学、社会学等学科领域，有力地推动了跨学科交叉研究。国内外教育口述史研究方兴未艾，然而，当前高等职业教育口述史研究仍处于起步阶段，理论研究还相当滞后，口述史方法在高等职业教育研究中的应用存在诸多空白。挖掘口述史方法在高等职业教育研究中的应用价值，拓展口述史研究的领域，提升高等职业教育史研究的学术品质，丰富高等职业教育史研究的内容，已成为高职教育研究领域的当务之急。

新中国成立七十余年来，尤其是改革开放四十余年来，中国高等职业教育处于前所未有的改革时代，在一定程度上影响并推动了中国的社会变革。在此过程中，涌现出一批思想解放、视野开阔、勇于改革、善于创新的高等职业教育改革者与探索者。他们大都是中国高等职业教育改革的亲历者、组织者、参与者与见证者。通过口述史研究，我们能够弥补档案资料中某些重大高等职业教育事件过程与细节的缺失，深入挖掘高等职业教育改革发展历程与典型经验，为深化高等职业教育改革提供实证基础。

本书是全国教育科学规划教育部重点课题《中国高等职业教育口述史

研究（1998—2020年）》（项目批准号：DJA200307）的研究成果。项目负责人为海南经贸职业技术学院辛宪章教授，张蕴启、高山、李国昌、车秀英、吕宏坤等学者、专家的访谈笔录为本书提供了珍贵的口述史料，课题组顾问王家莲、杨祥银、吴舸以及课题组成员张健、王安兴、陈姣、冯雪琦、张铭、许峰、刘爱萍、吕宏坤、叶剑芯等在项目申报、资料收集、研究综述、访谈计划设计、笔录整理等方面做了大量工作。因限于篇幅，尚有部分访谈笔录未能收入本书，将在后续研究中参考选用。在此，对在本项目研究、成果出版过程中提供无私帮助的合作者们表达我最真诚的谢意！

辛宪章

2025年3月于海南海口

目 录

第一部分 高等职业教育口述史研究方法

第一章 口述史研究方法在高等职业教育领域的应用与价值… 3

第一节 中国高等职业教育口述史研究方法的应用现状 ………… 3

第二节 中国高等职业教育口述史研究方法的内在价值 ………… 6

一、为高等职业教育研究提供原始史料 ………… 6

二、助力高等职业教育强国战略的历史镜鉴 ………… 8

三、为高等职业教育高质量发展提供决策依据 ………… 9

第二章 高等职业教育口述史信度的影响因素……………… 12

第一节 口述史信度的含义 ………… 12

第二节 口述史信度的评估标准与影响因素 ………… 14

一、口述者因素 ………… 14

二、访谈者因素 ………… 15

三、外部证据因素 ………… 18

四、录音和转录因素 …………………………………………… 19
　　五、访谈环境因素 ……………………………………………… 21
　　六、资料分析因素 ……………………………………………… 22

第三章　高等职业教育口述史信度的提升路径 ……………… 25
第一节　访谈前的准备工作 ……………………………………… 25
　　一、设计访谈提纲 ……………………………………………… 25
　　二、对访谈者进行专业培训 …………………………………… 27
　　三、口述者的筛选与沟通 ……………………………………… 28
第二节　访谈过程中的注意事项 ………………………………… 30
　　一、建立良好的访谈关系 ……………………………………… 30
　　二、避免访谈者的主观偏差 …………………………………… 32
　　三、记录与保存访谈资料 ……………………………………… 34
　　四、提问技巧与引导策略 ……………………………………… 36
第三节　访谈后的资料整理与验证 ……………………………… 38
　　一、访谈资料的整理与分类 …………………………………… 38
　　二、运用数据分析方法提高信度 ……………………………… 40
　　三、多渠道验证资料的真实性 ………………………………… 42

第二部分　口述实录篇

高山：辽宁地质工程职业学院成长中的点点滴滴 …………… 47
　　一、强化风险"应变力"，是办好职业教育的前提 ………… 48
　　二、强化制度"推动力"，是办好职业教育的抓手 ………… 51

三、强化内涵"支撑力"，是办好职业教育的途径 …………… 52
　　四、强化发展"创造力"，是办好职业教育的关键 …………… 56
　　五、强化产教"新合力"，是办好职业教育的法宝 …………… 59

张蕴启：成都航空职业技术学院发展经验漫谈（节选）……… 62
　　一、学校教育教学改革取得较好成果 …………………………… 63
　　二、关于产教融合和内涵建设的探索与实践 …………………… 65
　　三、关于活页式教材的理解与实践 ……………………………… 70
　　四、关于校园文化塑造的思考和做法 …………………………… 70
　　五、关于学校二级管理模式的改革与探索 ……………………… 72

辛宪章：我在大连职业技术学院的工作回顾 ………………… 74
　　一、商务日语专业教学改革试点工作感悟 ……………………… 74
　　二、大连职业技术学院的校企合作典型经验 …………………… 80
　　三、大连职业技术学院特色发展规划的制定 …………………… 92
　　四、辽宁省教育科学规划重点研究基地建设 …………………… 100
　　五、关于高等职业教育科学发展的思考和建议 ………………… 107
　　六、从转制到示范的主要经验 …………………………………… 113
　　七、后示范校建设时期的主要发展思路与措施 ………………… 123

李国昌：我的职业教育工作经历与感悟 ……………………… 130
　　一、我对职业教育的认识与感悟 ………………………………… 130
　　二、我在海南的职业教育工作经历 ……………………………… 134

车秀英：我的职业成长之路 …………………………………… 137
　　一、十八年的师范教学历练 ……………………………………… 137

二、职业教育初尝试 …………………………………………… 138
　　三、涉外旅游专业的提质升级 …………………………………… 142
　　四、涉外旅游专业在国家示范校重点建设专业中升华 …… 144

呙宏坤：我对职业教育的几点理解 ………………………………… 157
　　一、我的职业教育创业经历 ……………………………………… 157
　　二、我在办学实践中的创业感悟 ………………………………… 158
　　三、如何培养学生的职业精神 …………………………………… 159
　　四、职业教育校园文化建设路径 ………………………………… 159
　　五、我对职业教育的几点理解 …………………………………… 160

参考文献 ……………………………………………………………… 164

第一部分　高等职业教育口述史研究方法

第一章 口述史研究方法在高等职业教育领域的应用与价值

第一节 中国高等职业教育口述史研究方法的应用现状

近年来，教育口述史研究在国内取得了长足发展，学术界已广泛认可其重要性。从研究的成果形式来看，不仅有高质量的学术论文不断发表，深入探讨教育口述史的理论与实践，还出版了一系列颇具影响力的著作。这些著作涵盖了教育口述史的多个层面，为该领域的研究筑牢了基础。

在研究的侧重点上，当下教育口述史研究侧重历史维度的探究。通过对不同历史时期教育事件及人物的口述记录，展现教育发展的历史脉络。在研究的权威性方面，北京师范大学教育学部教师史研究中心发挥了关键引领作用。该中心出版的系列著作在教育口述史领域影响力颇高，为学界提供了重要的研究参考。

从研究主题的分布来看，尽管教育口述史研究的重点并非专门聚焦于高等职业教育，但在高等教育、基础教育、农村教育等多个研究主题中，均不同程度涉及高等职业教育相关内容。这些涉及高等职业教育的研究，恰似记忆的"时代"印记，从不同的角度视角折射出我国高等职业教育发展的不凡历程。

在回顾中国教育历程的口述史研究中，诸多著作涉足高等职业教育领域。当代中国高等教育改革口述史丛书，以其强烈的使命担当，成为教育口述史研究的典范。其中，《顾明远教育口述史》以顾明远先生个人教育生涯中的大事、要事为线索，生动呈现了中国教育的历史变迁，其中不乏对高等职业教育发展的关注与思考。《回望八十年：鲁洁教育口述史》以及重庆大学出版社出版的《中国教育口述史》等著作，同样从不同角度涉足高等职业教育领域。通过对教育界知名人士的口述访谈，展现了高等职业教育在不同历史时期的发展状况、面临的问题及改革的尝试，为高等职业教育口述史研究提供了丰富素材。

尽管高等职业教育口述史研究在国内外均取得一定进展，但目前仍处于起步阶段，在理论与实践方面面临诸多问题与挑战。

在理论研究层面，高等职业教育口述史的理论体系尚不完善。相较于其他成熟的研究领域，相关的理论研究滞后明显。目前，对于口述史在高等职业教育研究中的独特价值、适用范围、研究方法等方面的探讨不够深入系统。例如，在确定口述史研究的主题与对象、设计科学合理的访谈提纲以及对口述资料进行有效分析和解读等方面，缺乏明确的理论指导与规范的操作流程。这致使研究者在开展高等职业教育口述史研究时，常缺乏清晰思路与方向，难以保障研究的科学性与可靠性。

在研究方法上，口述史方法在高等职业教育研究中的应用存在诸多空白。传统的高等职业教育研究方法主要依托文献资料与统计数据，而口述史方法作为新兴的研究方法，在实际应用中困难重重。例如，在访谈过程中，如何营造良好的访谈氛围，使受访者真实、自然地表达想法与感受；如何规避访谈者的主观偏见对访谈结果的影响；如何处理受访者记忆模糊或不准确的状况等。这些问题均需进一步探索研究，以完善口述史研究方法在高等职业教育研究中的应用。

在实践操作中，高等职业教育口述史研究面临资料可靠性挑战。口述史料的真实性与可靠性一直是口述史研究中重点关注的问题。由于口述者的记忆可能受时间、情感、认知等多种因素的影响，口述内容与事实存在偏差。例如，受访者可能因对某些事件的记忆模糊而表述错误，或因个人情感因素对某些事件进行夸大或缩小的描述。此外，社会文化背景与当下环境也可能影响口述者的叙述，使其带有时代特征或群体倾向。随着时间推移，同一事件的口述内容可能发生变化，反映出记忆的不稳定性。这些因素均增加了对口述史料甄别与验证的难度。如何确保口述史料的真实性与可靠性，成为高等职业教育口述史研究面临的重要挑战。

在研究成果的应用方面，目前高等职业教育口述史研究成果未能充分发挥价值。虽已有部分高等职业教育口述史的研究成果问世，但这些成果在高等职业教育的实践中应用较少，未对高等职业教育的改革与发展产生实质性的影响。如何将高等职业教育口述史研究的成果转化为实际的教育政策与实践，推动高等职业教育发展，是当前亟待解决的问题。

高等职业教育口述史研究还面临研究人才短缺问题。由于口述史研究在我国起步较晚，专门从事高等职业教育口述史研究的人才相对匮乏。同时，口述史研究要求研究者具备多方面知识与技能，包括历史学、社会学、心理学、访谈技巧等。目前，多数研究者在这些方面的知识与技能不够全面，难以满足高等职业教育口述史研究需求。因此，加强对口述史研究人才的培养，提升研究者的专业素养，是推动高等职业教育口述史研究发展的重要任务。

第二节　中国高等职业教育口述史研究方法的内在价值

一、为高等职业教育研究提供原始史料

新中国成立以来，尤其是改革开放的四十余年间，中国高等职业教育历经波澜壮阔的改革发展进程，在社会变革的浪潮中扮演着重要角色，深刻影响并推动着中国社会的进步。在此进程中，涌现出一大批思想解放、视野开阔、勇于创新、敢于担当的高等职业教育改革者与探索者。他们或是政策制定者，或是改革执行者，或是教育实践探索者，亲身经历并见证了中国高等职业教育从无到有、从小到大、从弱到强的发展轨迹，成为中国高等职业教育改革发展历程中的关键人物。作为中国高等职业教育改革的亲历者、参与者、组织者、实施者、推动者与见证者，这些改革者和探索者的亲身经历与宝贵经验，构成了中国高等职业教育发展历程中最生动、最真实的历史记忆。他们的故事，不仅记录了高等职业教育改革的重大事件与关键决策，更蕴含着改革过程中面临的困难与挑战、付出的努力与汗水，以及取得的成就与突破。这些记忆，是中国高等职业教育发展的宝贵财富，对于深入了解高等职业教育的发展历程、总结经验教训、探索未来发展方向具有不可替代的重要价值。

档案资料作为传统的历史记录方式，在高等职业教育研究中具有重要的基础性作用。其系统记录了高等职业教育发展过程中的重要事件、政策文件、统计数据等宏观信息，为研究提供了清晰的历史脉络与框架。然而，档案资料存在一定的局限性。在记录重大高等职业教育事件时，往往侧重于结果和宏观层面的描述，对于事件发生的具体过程与细节，如决策背后的讨论、实施过程中的困难与解决方法等，记录相对较少。口述史研究能够有效弥补档案资料的这些不足。通过对事件的决策者、参与者和见证者进行深入访谈，可获取丰富的第一手资料，还原事件的真实过程与细节。

以某高等职业院校申报国家示范性高等职业院校为例，口述史研究可以通过访谈参与申报的学校领导，了解申报决策的制定背景与过程，包括如何分析学校的优势与劣势，确定申报的重点与方向；通过访谈教师团队，可以知晓他们在专业建设、课程改革、实训基地建设等方面付出的努力与遇到的困难，以及如何通过创新与协作解决这些问题；通过访谈学生，可以了解他们在这一过程中的学习体验与成长经历，以及申报工作对学校教学氛围和校园文化的影响。这些口述资料能够生动地展现申报过程中的复杂性与多样性，为研究提供更为全面、深入的信息。

以辽宁地质工程职业学院的发展为例，该校在创办初期面临诸多困难与挑战。时任校领导的高山等一批改革者，凭借敏锐的教育洞察力与勇于创新的精神，积极探索高等职业教育的办学模式和人才培养路径。他们深入企业调研，了解市场需求，与企业建立紧密合作关系，共同制定人才培养方案。在教学实践中，他们注重实践教学，加强实训基地建设，培养学生的实际操作能力与职业素养。这些改革举措，为辽宁地质工程职业学院的发展奠定了坚实基础，也为中国高等职业教育的改革发展提供了宝贵经验。通过对口述史料的整理与分析，我们可以详细了解辽宁地质职业学院在改革过程中面临的困难，如高等职业院校申办、师资队伍建设、教学资源配置等方面的问题，以及改革者们如何克服这些困难，推动学校发展。这些内容对于研究中国高等职业教育的发展历程具有重要的参考价值。

然而，随着时间的推移，这些珍贵的历史记忆正逐渐被岁月淹没。许多曾经参与高等职业教育改革的关键人物年事已高，他们的记忆与经验面临失传的危险。因此，及时记录下他们的探索痕迹，抢救这些珍贵的口述史料，已成为一项具有重要意义与紧迫性的任务。这些口述史料将为未来我国高等职业教育的进一步改革创新提供重要参考与借鉴，成为推动高等职业教育发展的重要力量。通过对这些口述史料的研究，我们可以深入了解高等职业教育改革的历史背景、发展脉络与内在逻辑，为制定更加科学合理的教育政策提供依据。同时，这些口述史料也可以为高等职业院校的教学实践提供参考，帮助教师更好地理解高等职业教育的特点与需求，改进教学方法，提高教学质量。

二、助力高等职业教育强国战略的历史镜鉴

在我国全力迈向高等职业教育强国的进程中，口述史方法应用于高等职业教育研究，具备不可小觑的重要价值。其为高等职业教育的发展提供了多维度的历史镜鉴，有助于我们全面总结过往经验、深刻反思现存弊端，推动我国高等职业教育走向国际舞台，增强国际竞争力。

借助口述史研究，我们得以深度探究那些为中国高等职业教育改革与发展作出重要贡献的奠基者和开拓者的事迹。这些先驱在高等职业教育领域艰苦探索，凭借创新的理念和无畏的勇气，有力推动了高等职业教育的进步。他们的经验与智慧，既是中国高等职业教育发展的珍贵财富，也为全球高等职业教育发展贡献了独特的中国经验。例如，自20世纪90年代起，随着我国经济体制的转型，社会对技术技能型人才的需求猛增。部分高等职业院校的管理者与教师敏锐地捕捉到这一趋势，积极探寻产教融合的办学模式。他们主动与企业对接，建立实习实训基地，依据企业需求调整专业设置与课程内容，为学生创造更多的实践机会与就业途径。通过对口述史料的研究，我们能够详细知晓这些产教融合模式的形成过程、实施成效及遭遇的难题，为当下及未来的高等职业教育改革提供有益的借鉴。

在经验总结层面，口述史研究能够系统梳理中国高等职业教育改革发展历程，深入剖析各阶段的政策举措、实践探索及所获成效。以国家示范性高等职业院校建设计划为例，该计划的推行对我国高等职业教育的发展影响深远。通过对参与计划的院校管理者、教师以及教育主管部门官员的口述访谈，我们可以了解计划的制定背景、目标定位、实施流程及最终成果。这些口述史料不仅记录了计划实施中的成功经验，如怎样强化专业建设、

提升师资队伍水平、改善实训条件等，还揭示了面临的困难与问题，如资金投入不足、校企合作深度欠缺等。通过总结这些经验与问题，我们能为后续高等职业教育改革提供参考，避免重蹈覆辙，更好地推动高等职业教育的发展。

反思当前高等职业教育的办学弊端，口述史研究同样具有重要意义。通过对不同时期高等职业教育从业者及学生的口述访谈，我们可以了解高等职业教育在人才培养、教学质量、师资队伍建设、校企合作等方面存在的问题。例如，部分教师反馈，教学过程中实践教学环节较为薄弱，学生的实际操作能力与职业素养有待提升；部分学生表示，课程设置与市场需求脱节，致使毕业后难以适应工作岗位的要求。这些口述内容为我们反思高等职业教育办学弊端提供了真实依据，促使我们深入思考如何改进办学模式、提高教育质量，以培养出更契合社会需求的技术技能型人才。

口述史研究还有助于展示中国高等职业教育的发展成就与特色，增进国际社会对中国高等职业教育的认知与认可。通过对口述史记录的中国高等职业教育改革发展历程的研究，我们能够向世界呈现中国高等职业教育在规模扩张、质量提升、产教融合等方面取得的巨大成就，以及独具中国特色的高等职业教育发展路径。这有利于提升中国高等职业教育的国际形象，吸引更多国际交流与合作机遇，推动中国高等职业教育走向世界。

三、为高等职业教育高质量发展提供决策依据

在当下高等职业教育事业蓬勃发展的时代背景下，口述史研究对高等职业教育高质量发展具有关键的决策参考及立法依据价值。随着国家对高等职业教育的重视程度持续提升，一系列重要文件相继颁布，高等职业教育已上升至国家战略高度，其发展步入"快车道"。在此关键时期，深入开展口述史研究，对满足社会对现代高等职业教育的新需求、新期待，具有不可忽视的作用。

口述史研究能够深入挖掘高等职业教育改革发展的时代记忆，展现教育决策背后诸多鲜为人知的细节。这些细节蕴含丰富的信息，既反映了特定的社会文化脉络与现实状况，又勾勒出高等职业教育诸多生动、实际且有价值的历史图景。以某高等职业院校的专业建设为例，通过对口述史料的研究发现，该校为契合当地经济发展的需求，决定开设若干新兴专业。在专业建设过程中，面临师资短缺、教材匮乏、实践教学条件不足等诸多难题。学校领导与教师积极与企业合作，邀请企业技术骨干担任兼职教师，共同编写教材，建立实习实训基地。这些口述内容生动呈现当时教育决策的实施过程及面临的挑战，为当前高等职业教育的专业建设提供了宝贵经验教训。

这些口述史料具有极高的研究价值，是对中国高等职业教育史的抢救性记录，富有历史质感与温度。通过对这些史料的分析，我们能够深入了解高等职业教育在不同历史时期的发展态势，涵盖政策实施效果、教育教学改革实践、学生学习与生活等方面。这些信息对制定科学合理的高等职业教育政策具有重要的参考价值。例如，在制定高等职业教育人才培养政策时，可以参考口述史研究中不同时期人才培养模式的经验与教训，结合当前社会经济发展的需求，制定更贴合实际的人才培养方案，提高人才培养质量，满足社会对高素质技术技能型人才的需求。

在高等职业教育高质量发展的进程中，精准施策至关重要。口述史研究能够为精准施策提供有力支撑。通过对高等职业教育不同利益相关者，包括教育管理者、教师、学生、企业代表等的口述访谈，能够全面了解他们对高等职业教育的看法、需求与建议。这些信息有助于政策制定者深入把握高等职业教育的实际情况，发现存在的问题与不足，进而有针对性地制定政策，解决当前高等职业教育事业发展不平衡、不充分的问题。例如，在了解到部分高等职业院校存在实践教学薄弱的问题后，政策制定者可以出台相关政策，加大对实践教学的投入，加强实训基地建设，提高教师的实践教学能力，以提升高等职业教育的实践教学水平。

　　加强与完善高等职业教育立法体系建设是推动高等职业教育高质量发展的重要保障。口述史研究能够为高等职业教育立法提供实证依据。通过对口述史料的研究，可以了解高等职业教育在发展过程中面临的法律问题与挑战，以及相关政策的实施效果。这些信息能够为立法者提供参考，使立法更契合高等职业教育的实际需求，保障高等职业教育的健康发展。例如，在研究中发现，由于缺乏明确的法律规定，校企合作在实施过程中存在企业参与积极性不高、合作双方权利义务不明确等问题。针对这些问题，立法者在制定相关法律法规时，可明确校企合作的法律地位、权利义务关系，为校企合作提供法律保障，促进产教融合的深入发展。

第二章　高等职业教育口述史信度的影响因素

第一节　口述史信度的含义

口述史信度，指的是口述历史的可靠程度，它是衡量口述历史研究质量的核心指标，主要涵盖口述内容的准确性、一致性与稳定性这三个重要维度。

准确性堪称口述史信度的根基，要求口述内容能够真实、精准地反映过往的事件、经验以及观点。以高等职业教育口述史而言，这意味着口述者对职业教育发展进程中的关键事件、政策变迁、教学实践等方面的叙述，必须与客观事实相符。例如，在回顾某高等职业院校的专业设置调整时，口述者需确切道出调整的时间、缘由、涉及的专业以及调整后的成效等细节，以此确保信息的真实性与可靠性。然而，鉴于人类记忆存在局限性，口述者极易出现记忆偏差。随着时间流逝，记忆会逐渐模糊，部分细节可能被遗忘或混淆。同时，个人的情感、立场以及认知水平，也会对口述内容的准确性产生影响。譬如，一位教师在回忆自己参与的某高等职业教育改革项目时，可能会因对该项目怀有积极情感而夸大自身贡献，或者因对某些政策理解不足而产生误解，致使口述内容与实际情况出现偏差。

一致性指的是口述内容在不同时间、情境下，以及不同口述者之间的一致程度。在高等职业教育口述史研究中，同一事件往往会由多位口述者进行讲述，这些讲述在关键信息方面应保持一致。例如，针对某高等职业院校某次校企合作的情形，不同的教师、学生以及企业代表的口述，应在合作的时间、形式、内容和成果等方面相互印证。若不同口述者的讲述存在较大差异，就需要进一步核实与分析，以判定哪一种讲述更趋近事实。此外，口述者在不同时间的讲述也应保持连贯一致。若一位口述者在初次访谈时对某一事件的描述与后续访谈时的描述存在显著矛盾，就需要深入探究原因，对其叙述的可靠性予以判断。

稳定性强调口述内容在较长时期内的稳定状态。在高等职业教育口述史领域，尽管随着时间的推移，口述者的记忆与认知可能会发生变化，但对于关键事件和重要经验的叙述应保持相对稳定。例如，一位高等职业院校的老校长在不同时期对学校发展历程的回忆，关于学校的创办背景、重要发展阶段以及标志性事件等内容，理应基本一致。倘若口述者的叙述在短时间内出现大幅变动，可能是受到外界因素干扰，如他人观点、新获取的信息或情绪波动等，此时就需要审慎评估其叙述的可信度。

此外，口述史信度还涉及口述资料与其他历史资料的相互印证关系。口述资料不能孤立存在，需要与档案文献、学校记录、新闻报道等其他历史资料进行比对和验证。只有当口述内容与其他资料相互印证时，其可信度才能得以提升。例如，在研究某高等职业院校的某次重大活动时，口述者的回忆应当与学校的活动记录、当时的新闻报道等资料相符，如此方能更有力地证实口述内容的真实性。

第二节 口述史信度的评估标准与影响因素

一、口述者因素

口述者因素在高等职业教育口述史信度中占据关键地位，其中记忆、立场、情感等因素对口述史信度的影响尤为突出。

（一）记忆

记忆是口述者讲述过往经历的重要基础，然而，人类记忆并非精确无误的记录工具，极易受多种因素的影响，导致记忆产生偏差，进而影响口述内容的准确性。例如，当一位从事高等职业教育 30 余年的资深教师，在回忆多年前的教学场景、课程设置以及学生信息等情况时，由于时间跨度久远，极有可能记错某些教学案例的细节，或者混淆不同年份所授课程的重点内容。这种记忆偏差会使口述内容与实际情形有所出入，从而降低口述史信度。

个人的心理状态、兴趣偏好和关注点同样会作用于记忆。倘若口述者对某段经历怀有强烈的情感体验，无论这种情感是积极的还是消极的，都可能使记忆被选择性强化或弱化。比如，一位经历过高等职业院校艰难创业阶段的校领导，在回忆过程中，往往会因对那段艰苦奋斗的岁月饱含深情，而过度强调自身及团队的努力与付出，忽视一些外部支持等客观因素。反之，若口述者对某一事件或人物存在负面情感，就可能会夸大其负面因素，进而影响口述内容的客观性。

（二）立场和利益关系

立场和利益关系也是影响口述者客观性的重要因素。在高等职业教育领域，不同的口述者分属于不同角色群体（如教师、学生、学校管理者、企业合作方等），他们各自立场不同，利益诉求也大相径庭。学校管理者往往更聚焦于学校的整体发展和声誉，在叙述学校发展历程时，倾向于强调学校取得的成就，而对学校在发展过程中遭遇的问题与挑战有所回避。以某高等职业院校的口述史研究为例，现任校长在回顾学校的一次重大改革时，重点突出了改革的成功经验和取得的显著成果，对于改革过程中遭遇的内部阻力以及教师的反对意见则提及甚少。这或许是因为校长期望维护学校的良好形象，同时彰显自身的领导能力与改革成效。

教师通常更关注教学工作以及自身的职业发展，在讲述教学实践时，可能会更突出自己的教学成果以及教学方法的有效性，而对教学过程中存在的困难与不足轻描淡写。一位在高等职业院校执教多年的骨干教师，在讲述自身教学经验时，详尽阐述了所采用的创新教学方法以及学生取得的优异成绩，但对于因教学资源匮乏而致使教学效果受限等问题却一语带过。这可能是由于教师期望展现自身的教学能力与专业水平，以获取更多的职业发展机会。

综上所述，口述者因素对高等职业教育口述史信度的影响是多方面的，记忆偏差、立场与利益关系、情感因素均可能致使口述内容的真实性与客观性受损。因此，在开展高等职业教育口述史研究时，需充分考量这些因素，通过多种方法进行核实与验证，以提升口述史信度。

二、访谈者因素

访谈者是高等职业教育口述史研究中的核心，其专业素养、提问方式、引导技巧等方面对口述史信度有着至关重要的影响。

（一）专业素养

访谈者的专业素养是保障访谈质量的根基。具备扎实高等职业教育知识背景的访谈者，能够更好地领会口述者所讲述的内容，精准提炼关键信息，并提出具有针对性的问题。在访谈一位高等职业院校的专业教师时，若访谈者对该专业的课程体系、教学方法以及行业发展趋势等有一定了解，便能与教师展开更为深入的交流，挖掘出更具价值的信息。反之，若访谈者缺乏相关专业知识，可能会对教师讲述的一些专业术语和概念感到困惑，无法理解教师的意图，进而影响访谈效果。例如，在访谈一位机械制造专业的教师时，访谈者对机械制造工艺、数控编程等专业知识一无所知，当教师提及一些专业术语和技术细节时，访谈者无法做出有效回应，致使访谈难以深入推进，获取的信息也极为有限。

（二）提问方式

访谈者的提问方式直接左右着口述者的回答以及信息的获取。开放式问题能够为口述者提供广阔的表达空间，使其能够自由讲述自身经历和观点，从而获取更为丰富、全面的信息。例如，在研究某高等职业院校的课程改革时，访谈者可以提问："您能谈谈在这次课程改革中，您印象最深刻的事情是什么吗？"此类问题可促使口述者从自身视角出发，详细讲述课程改革的过程、遇到的问题以及自身感受。

而封闭式问题则适用于获取特定信息，如时间、地点、具体事件等。例如，访谈者可以提问："这次课程改革是在哪一年启动的？"封闭式问题有助于访谈者迅速、准确地获取关键信息，避免信息的模糊与歧义。

然而，如若提问方式不当，也可能会限制或误导口述者的回答，进而影响口述内容的真实性与客观性。若访谈者在提问时带有明显倾向性，如"您觉得这次课程改革是不是非常成功？"此类问题可能会引导口述者朝着肯定方向作答，而忽略课程改革中可能存在的问题。

（三）引导技巧

引导技巧亦是访谈过程中不容忽视的重要方面。访谈者需善于引导口述者围绕主题展开讲述，防止话题偏离。当口述者的讲述偏离主题时，访谈者可通过恰当的提问或提示，将话题拉回正轨。在访谈过程中，访谈者还需关注口述者的情绪和状态，适时给予鼓励与支持，使口述者能够更为放松地讲述自身经历。

在对某高等职业院校教师的访谈中，访谈者询问教师关于教学方法创新的问题。教师开始讲述自己在教学中的一些尝试，但逐渐偏离主题，转而抱怨学校的教学管理。此时，访谈者可通过提问："您刚才提到的这些教学管理问题确实值得关注，但我们还是先回到教学方法创新上，您在教学方法创新过程中，有没有遇到什么困难呢？"这样的引导既尊重了教师的表达，又将话题拉回主题。

（四）个人偏见

访谈者的个人偏见同样可能对口述史信度产生负面影响。若访谈者对高等职业教育的某个领域存在偏见，在访谈过程中可能会不自觉地对相关问题进行引导或忽视。例如，一位访谈者对高等职业教育中的实践教学环节存在偏见，认为实践教学不如理论教学重要。在访谈一位强调实践教学的高等职业院校教师时，访谈者可能会对教师关于实践教学重要性和成果的讲述表现出不感兴趣，或者在提问时有意无意地引导教师更多关注理论教学，从而影响教师的表达以及信息的全面获取。

在实际案例中，访谈者因素的重要性得到了充分彰显。在对某高等职业院校的校企合作项目访谈中，一位经验丰富的访谈者运用开放式问题和引导技巧，与企业代表进行了深入交流。访谈者首先通过开放式问题了解了企业参与校企合作的初衷和期望，然后借助引导技巧，让企业代表详细讲述了合作过程中的具体做法、遇到的问题以及解决问题的过程。通过此次访谈，访谈者获取了丰富信息，为研究校企合作项目提供了有力支撑。

相反，另一位访谈者在对同一项目的另一位企业代表进行访谈时，因提问方式不当，总是提出一些封闭式问题，且在访谈过程中未给予企业代表足够的表达空间，导致获取的信息极为有限，无法准确把握校企合作项目的实际状况。

由此可见，访谈者因素对高等职业教育口述史信度有着重要影响。为提升访谈的质量和可信度，访谈者需持续提升自身专业素养，掌握科学的提问方式和引导技巧，规避个人偏见的干扰，以确保获取真实、准确、全面的口述内容。

三、外部证据因素

在高等职业教育口述史研究中，外部证据对于验证口述内容的一致性、提升口述内容的可信度发挥着举足轻重的作用。与其他历史资料、文献或证据进行比对，能够助力研究者判断口述内容的真实性与可靠性，规避因口述者的记忆偏差、主观因素等引发的可信度问题。

外部证据大致分为以下三类。

（1）档案文献是一类重要的外部证据。高等职业院校的档案通常涵盖学校的发展规划、教学管理制度、教师和学生档案、重大事件记录等信息。这些档案文献具有较高的权威性与客观性，能够为口述史研究提供有力支持。在研究某职业院校的发展历程时，口述者回忆学校在某一年实施了一项重大的教学改革。通过查阅学校的档案资料，研究者可以找到关于这次教学改革的文件、会议记录以及实施方案等，这些档案文献详尽记录了教学改革的背景、目标、实施过程和效果，与口述者的回忆相互印证，进而验证口述内容的真实性。

（2）学校记录同样是验证口述内容的关键依据。学校的教学日志、学生成绩记录以及教师教学评价等记录，能够反映学校日常教学活动的实际情况。在研究某高等职业院校的教学质量时，口述者提到某一专业的学生在某一学期的实践课程中表现优异。通过查阅学校的学生成绩记录和实践课程评价记录，研究者可了解该专业学生在实践课程中的具体成绩和评价情况，与口述者的描述进行对比，判断口述内容是否准确。

（3）新闻报道、社会调查等其他来源的信息亦可作为外部证据。新闻报道能够及时反映高等职业教育领域的重要事件和发展动态，社会调查则可以提供关于高等职业教育的社会认知、需求等方面的信息。在研究某高等职业院校的校企合作成果时，新闻报道中可能会对合作项目的成功案例予以报道，社会调查中可能会涉及企业和社会对该院校的校企合作项目的评价。这些信息与口述者关于校企合作的叙述相互补充、验证，能够更为全面地了解校企合作的实际情况。

在实际案例中，外部证据的验证作用得到了充分体现。在对某高等职业院校的一次校企合作促进活动进行口述史研究时，一位老校友回忆在活动中举办了一场盛大的文艺演出，并邀请了一位知名校友作为嘉宾。通过查阅学校的校庆档案资料，找到了关于文艺演出的节目单、嘉宾名单等记录，与老校友的回忆相符。同时，在校报、校园网等媒体上也找到了关于这次活动的新闻报道，在报道中详细描述了文艺演出的情况和嘉宾出席情况，进一步验证了口述内容的真实性。

口述内容若缺乏外部证据的验证，口述史信度将受到质疑。在研究某高等职业院校的一次教师培训活动时，口述者回忆培训活动邀请了一位著名专家举办讲座，但无法提供相关的档案资料或其他外部证据进行佐证。由于没有外部证据支撑，研究者无法确定口述内容的真实性，这一信息在研究中的可信度便会降低。

为充分利用外部证据验证口述内容，研究者在开展口述史研究时，要注重收集和整理相关档案文献、学校记录以及新闻报道等资料。在访谈过程中，及时询问口述者关于相关事件的外部证据线索，以便后续核实与验证。在分析口述内容时，将口述内容与外部证据进行仔细比对和分析，找出其中的一致性与差异，从而判断口述内容的可信度。

四、录音和转录因素

录音和转录是高等职业教育口述史研究中不可或缺的环节，其准确性直接关乎口述资料的质量和可信度。在录音和转录过程中，可能出现各种错误，如遗漏、误解等，这些错误会对口述史信度造成严重影响。

在录音过程中，技术故障是导致录音不准确的常见因素之一。录音设备电量不足、存储空间不足、录音质量设置不当等，均可能导致录音出现中断、声音模糊等问题。在转录过程中，人为因素是引发转录错误的主要原因。转录人员的听力水平、语言理解能力、打字速度和准确性等，都会影响转录质量。

例如，在对某高等职业院校教师的访谈录音进行转录时，因录音设备质量问题，部分内容声音模糊，导致转录人员在转录过程中产生误解。教师在讲述教学过程中使用了一个专业术语，但转录人员由于对该术语不熟悉，将其错误地转录成另一个词语，转录内容与教师原意出现偏差。

遗漏也是录音和转录过程中常见的问题。转录人员可能因为注意力不集中、对内容不理解等原因，遗漏一些重要的信息。在对某高等职业院校的校企合作项目的访谈录音进行转录时，转录人员遗漏了企业代表提到的一个关于合作协议的关键条款，这一疏忽使得后续研究无法全面了解校企合作的具体情况，影响了研究的准确性和可靠性。

为确保录音和转录的准确性，研究者可采取一系列预防举措。例如，在录音前，对录音设备进行全面检查和调试，确保设备电量充足、存储空间足够、录音质量良好；在录音过程中，注意保持录音环境安静，避免外界干扰等。

在转录过程中，选择专业的转录人员至关重要。转录人员应具备良好的听力水平、语言理解能力和打字速度。为提高转录准确性，可采用多人交叉转录的方式，即由不同转录人员对同一录音进行转录，然后对转录结果进行对比和核对，找出其中的差异和错误，并加以修正。

在转录完成后，研究者要对转录内容进行仔细的审核和校对。例如，将转录内容与录音进行逐句对比，检查是否存在遗漏、误解等问题；对于一些不确定的内容，再次听取录音或与口述者沟通确认，以确保转录内容的准确性等。

五、访谈环境因素

访谈环境因素在高等职业教育口述史研究中不容小觑，它涵盖访谈环境和社会背景等多个方面，对口述史信度有着重要影响。

访谈环境的舒适度和安全性会直接影响口述者的情绪和表达。在一个安静、舒适、无干扰的环境中，口述者能够更加放松地讲述自身经历，思维更为清晰，表达也更为流畅。反之，若访谈环境嘈杂、拥挤、令人不安，口述者可能会感到紧张、焦虑，进而影响记忆的提取和表达的准确。例如，在一间狭小、闷热且不时有外界噪声干扰的房间里对一位高等职业院校的老教师进行访谈，老教师可能因环境不适而无法集中精力回忆过往经历，回答问题时也可能变得急躁，导致讲述不完整。

访谈环境的氛围同样会影响口述者的态度和叙述内容。若访谈环境营造出一种信任、尊重的氛围，口述者会更乐意讲述自己的真实想法和经历。如果口述者感受到访谈者的不信任或不尊重，可能会有所保留或隐瞒信息。在访谈一位曾经在高等职业院校面临教学困境的教师时，若访谈者以理解和支持的态度与教师交流，教师可能会更愿意分享自己在解决教学困境过程中的真实感受和经验教训。但如果访谈者表现出质疑或轻视的态度，教师可能会对自己的经历进行美化或回避一些关键问题。

文化氛围也会对口述者的价值观和叙述方式产生影响。不同文化背景下，人们对高等职业教育的认知和评价存在差异。在一些重视学术教育的文化氛围中，高等职业教育可能会受到一定程度的忽视，口述者在讲述高等职业教育经历时，可能会受这种文化观念影响，对高等职业教育的价值和意义表达不足。反之，在一些重视职业技能培养的文化环境中，口述者可能会更积极地讲述高等职业教育的优势和成就。例如，在一些西方国家，高等职业教育与学术教育具有同等重要的地位，文化氛围鼓励人们追求职业技能的发展。在这些国家开展高等职业教育口述史研究时，口述者往往会更自信地讲述自己在高等职业教育中的成长和收获，对高等职业教育的评价也更为积极。而在一些传统观念较为浓厚的地区，人们更倾向于将学术教育视为通往成功的主要途径，在开展高等职业教育口述史研究时，口述者可能会受这种观念的束缚，对自己的高等职业教育经历缺乏自豪感，叙述内容也可能不够全面和深入。

在对不同地区高等职业教育口述史的研究中，可以明显看出环境因素的影响。在经济发达、高等职业教育发展良好的地区，访谈环境相对优越，社会对高等职业教育的认可度较高，口述者在讲述时更为自信和积极，能够提供丰富的信息。而在经济相对落后、高等职业教育发展面临较多困难的地区，访谈环境可能较差，社会对高等职业教育不够重视，口述者在讲述时可能会表现出无奈和沮丧，对一些问题的讲述也可能存在顾虑。

综上所述，环境因素对高等职业教育口述史信度的影响是多方面的。为提高口述史信度，研究者需重视访谈的环境，营造一个舒适、安全、信任的访谈氛围，同时充分考虑社会背景因素对口述者的影响，在研究过程中进行客观的分析和判断。

六、资料分析因素

在高等职业教育口述史研究的资料整理阶段，科学合理的整理方法是确保资料准确性与完整性的关键。倘若整理过程缺乏规范，极有可能出现资料的遗漏、混淆或错误标注等问题。例如，在对访谈记录进行分类时，若分类标准不够明确或不够合理，就可能将原本相关的资料分散到不同的类别之中，或者把不相关的资料错误地归为一类，这无疑会破坏资料的系统性与逻辑性。以某高等职业院校为例，若将关于该校教学改革的访谈记录与学校管理的访谈记录混在一起，那么在深入研究教学改革时，就难以全面、准确地获取与之相关的资料，进而影响研究的质量和口述史信度。

资料分析技术的选择同样对口述史信度有着重要影响。定性分析和定量分析是两种常见的资料分析技术，它们各自具有独特的优缺点，需要研究者根据具体的研究目的和资料特点进行合理选择。定性分析侧重于对资料的意义和内涵进行深度挖掘，运用编码、分类、主题分析等方法，揭示口述资料中所蕴含的潜在信息和观点。然而，定性分析过程中存在研究者的较多的主观判断，这不可避免。如果研究者的分析能力不足，或存在一些个人偏见，就很可能会导致对资料的解读出现偏差。比如，在对职业院校教师关于教学创新的口述资料进行定性分析时，研究者可能会由于自身对教学创新的理解和偏好而忽略教师在讲述过程中提及的一些实际困难和问题，或者对教师所采用的创新做法进行过度解读，从而影响对资料的客观分析。

定量分析则侧重于对资料中的数据进行统计和分析，通过量化的方式来揭示现象之间的内在关系和规律。在高等职业教育口述史研究中，定量分析可用于分析口述者的背景信息、观点分布等方面。但需要注意的是，定量分析也存在一定的局限性，它往往难以充分反映口述资料中丰富的细节内容和情感因素。例如，在分析职业院校学生对口述史研究的参与度时，通过统计参与访谈的学生人数、访谈时长等数据，可以了解到学生参与的基本情况，却无法深入探究学生参与的动机、实际体验和最终收获等更为深层次的信息。

此外，主观因素在资料整理与分析过程中也不容忽视。研究者的个人价值观、研究目的以及先入为主的观念等，都可能对资料的判断和解读产生影响。当研究者对高等职业教育的某个方面持有特定的观点或期望时，在分析资料的过程中可能会不自觉地倾向于寻找支持自己观点的证据，而有意或无意地忽视其他与之相反的信息。例如，一位研究者认为职业教育应当更加注重实践教学，那么在分析口述资料时，他可能会更多地关注教师和学生对实践教学的积极评价，而相对较少关注实践教学中存在的问题和不足，从而影响研究结果的客观性和全面性。

第三章　高等职业教育口述史信度的提升路径

第一节　访谈前的准备工作

一、设计访谈提纲

访谈提纲作为访谈活动的指引性文件，其设计的科学性与合理性，对访谈效果以及口述史信度具有至关重要的影响。在设计访谈提纲时，首先要明确访谈目的。不同的访谈目的决定了访谈提纲的不同侧重点。如果访谈目的在于了解职业院校的发展历程，那么访谈提纲应围绕学校的创办背景、发展阶段、重要事件以及领导决策等方面展开。例如，在创办背景部分，可提问："学校创办的初衷是什么？当时面临哪些机遇与挑战？"在发展阶段方面，可提问："学校在不同发展阶段的标志性事件有哪些？这些事件对学校发展产生了怎样的影响？"

若访谈目的是探究高等职业教育教学改革的实践与效果，访谈提纲则应聚焦于教学改革的原因、措施、实施过程、师生参与度和反馈、改革成效等方面。在教学改革原因部分，可提问："是什么因素促使学校进行此次教学改革？"针对改革措施，可提问："学校采取了哪些具体的教学改革措施，如课程设置的调整、教学方法的创新等？"

访谈提纲应涵盖高等职业教育的多个关键层面，以确保获取全面的信息。在职业院校发展历程方面，除上述提及的创办背景和发展阶段外，还应包含学校的师资队伍建设、专业设置与调整以及校园文化建设等内容。在师资队伍建设方面，可提问："学校在师资引进和培养方面采取了哪些措施？取得了哪些成效？"对于专业设置与调整，可提问："学校如何依据市场需求和行业发展趋势调整专业设置？调整过程中遇到了哪些困难？"

教学实践与改革是高等职业教育的核心内容之一，访谈提纲应深入探讨教学方法、课程设置、实践教学以及教学评价等方面。在教学方法上，可提问："学校目前采用了哪些教学方法？这些方法在实际教学中的应用效果如何？"对于课程设置，可提问："学校的课程体系是如何构建的？是否注重理论与实践的结合？"

校企合作与社会服务也是高等职业教育的重要组成部分。在这方面，访谈提纲可包括校企合作的模式、合作项目的开展情况、企业对学校人才培养的反馈以及学校为社会提供的服务等内容。在校企合作模式方面，可提问："学校与企业主要采用哪些合作模式，如订单培养、共建实训基地等？"对于合作项目，可提问："目前学校与企业合作开展了哪些项目？这些项目的实施情况和成果如何？"

访谈提纲中的问题应具有开放性和引导性。开放性问题能够激发口述者的思维，使其自由表达观点和经历。例如，"您对高等职业教育未来的发展有何看法？"此类问题可让口述者从自身角度出发，分享对高等职业教育发展趋势的见解，可能会提供一些独特的观点与思路。

引导性问题则有助于访谈者引导口述者围绕主题进行讲述，避免话题偏离。当口述者在讲述学校发展历程时，提及一次校园文化活动，但话题逐渐偏离到活动的组织细节上，访谈者可以通过引导性问题"这次校园文化活动对学校的文化建设产生了怎样的影响呢？"将话题拉回到校园文化建设这一主题上，深入挖掘相关信息。

二、对访谈者进行专业培训

访谈者作为高等职业教育口述史研究的关键角色，其专业素养直接决定了访谈的质量与口述史信度。在知识储备方面，访谈者需深入学习高等职业教育的发展历程，全面了解从高等职业教育的起源至不同历史时期的变革与发展，熟知各阶段的政策导向、教育理念转变以及教学实践的演进。对于高等职业教育的理论体系，访谈者应掌握高等职业教育的基本概念、学科分类、课程设置原理以及教学方法的理论基础，以便在访谈中与口述者展开深入交流。

例如，在对某职业院校资深教师进行访谈时，访谈者若对高等职业教育的"行动导向教学法"有深入了解，便能与教师围绕该教学法在实际应用中的效果、遇到的问题以及改进方向展开深入探讨，从而获取更具价值的信息。反之，若访谈者对该教学法一无所知，可能无法理解教师的讲述，致使访谈流于表面。

访谈者还需具备扎实的历史学知识，了解历史研究的基本方法与理论，以便在访谈中能够准确把握历史背景，对口述者的叙述进行历史的分析与判断。社会学知识同样重要，它有助于访谈者理解高等职业教育与社会结构、社会变迁之间的关系，从更宏观的视角审视口述内容。

访谈技巧的培训同样至关重要。访谈者要学会营造轻松、信任的访谈氛围，这是获取真实、全面信息的基础。在访谈前，访谈者可通过与口述者的简单交流，了解其兴趣爱好、生活经历等，寻找共同话题，拉近与口述者的距离。在访谈过程中，保持微笑、眼神交流，运用温和、友善的语言，让口述者感受到尊重与理解。

例如，在对一位职业院校的老校长进行访谈时，访谈者了解到老校长对书法有浓厚兴趣，在访谈开始前先与老校长聊书法，老校长的态度立刻变得亲切起来，在后续的访谈中也更愿意分享学校发展过程中的一些细节和个人的真实想法。

倾听技巧是访谈者必备的能力。访谈者要专注倾听口述者的讲述，不随意打断，通过点头、微笑或适当的回应等方式，表达对口述者的关注与认同。在倾听过程中，不仅要关注口述者所说的内容，还要留意其语气、表情和肢体语言，这些非语言信息往往能传达更丰富的情感和潜在信息。

提问技巧的培训包括学会提出开放式问题和封闭式问题。开放式问题能够给予口述者更广阔的表达空间，例如，"您能谈谈在高等职业教育改革过程中，您印象最深刻的事情是什么吗？"此类问题可引导口述者自由地讲述自身经历和观点，获取更为丰富、全面的信息。封闭式问题则适用于获取特定的信息，例如，"这次职业技能大赛是在哪一年举办的？"通过封闭式问题，能够快速准确地获取关键信息，避免信息的模糊与歧义。

访谈者还需掌握追问技巧，当口述者的讲述中出现模糊不清、前后矛盾或重要线索时，及时进行追问，深入挖掘关键信息。例如，在口述者提到某一次重要的校企合作项目时，访谈者可追问"这次合作项目的具体合作模式是怎样的？""在合作过程中遇到了哪些困难，是如何解决的？"等问题，以获取更详细的信息。

三、口述者的筛选与沟通

口述者作为口述史资料的提供者，其选择的恰当与否直接关系到口述史的信度。在筛选口述者时，应优先选取有代表性的人物。通过对职业院校的口述史研究，学校的历任领导能够从宏观管理的角度，讲述学校的发展战略、重大决策过程以及应对各种困难和机遇的经验。如退休的老校长，他见证了学校从创建到发展壮大的全过程，对学校的发展规划、师资队伍建设、专业设置调整等方面有着全面而深入的了解，能够提供关于学校发展的宏观视角和关键决策信息。

资深教师在教学一线积累了丰富的经验，对教学改革、课程设置、学生培养等方面有着切身感受和体会。在高等职业教育领域深耕多年的专业教师，参与了学校多项教学改革项目，对教学方法的创新、课程内容的优化以及学生的学习需求有着深刻认识，能够提供关于教学实践的详细信息和专业见解。

不同时期的校友也是重要的口述者群体。他们从学生的视角出发，分享在校学习生活的点滴，包括对课程学习、实践教学、校园文化活动的感受，以及毕业后在工作岗位上运用所学知识的经历和对学校教育的反馈。刚毕业的校友能够讲述最新的教学实践对他们就业的影响，而毕业多年的校友则可从更长的时间跨度上，回顾学校教育对他们职业发展的长期影响，以及他们对学校教育教学的反思和建议。

在筛选口述者时，还应考虑其经历的丰富性和表达能力。经历丰富的口述者能够提供更全面、深入的信息。例如，在研究高等职业教育的校企合作时，选择参与过多个校企合作项目的教师或企业代表作为口述者，他们能够分享不同合作项目的特点、遇到的问题以及解决方法，为研究提供更丰富的案例和经验。

表达能力强的口述者能够更清晰、准确地表达自己的观点和经历，便于访谈者理解和记录。在初步沟通时，通过与口述者的交流，了解其表达能力和沟通风格，选择那些能够有条理地讲述自己经历的人作为口述者。

在确定口述者后，加强与他们的沟通至关重要。在访谈前，与口述者进行充分沟通，向他们阐明访谈的目的、意义和流程，让他们明晰访谈的重要性和价值，从而提高他们的参与积极性和配合度。向口述者解释访谈是为了记录高等职业教育的发展历程，为后人提供宝贵的经验和启示，他们的讲述将对高等职业教育的研究和发展产生重要影响。

在沟通中，了解口述者的顾虑和需求，及时予以回应和解决。有些口述者可能担心自己的讲述会涉及个人隐私或敏感问题，访谈者应向他们保证会对涉及隐私的内容进行保密处理，消除他们的顾虑。对于口述者提出的合理需求，如希望在访谈过程中休息、选择合适的访谈时间和地点等，访谈者应尽量满足。

建立良好的信任关系是与口述者沟通的关键。访谈者要以真诚、尊重的态度与口述者交流，让他们感受到被重视和理解。在沟通中，倾听口述者的想法和感受，给予他们充分的表达空间，不轻易打断或质疑他们的观点。通过良好的沟通和信任关系，口述者更愿意坦诚地讲述自己的经历和观点，提供真实、有价值的信息，从而提高口述史的信度。

第二节 访谈过程中的注意事项

一、建立良好的访谈关系

在高等职业教育口述史访谈中，构建良好的访谈关系是获取真实且全面信息的基础，对于提升口述史信度具有举足轻重的作用。访谈者须秉持真诚、尊重与理解的态度，深度融入与口述者的交流之中。

（一）真诚是开启口述者心扉的关键

访谈者是真切期望了解口述者的亲身经历和观点，而非仅仅将其视为研究对象。在访谈一位职业院校的资深教师时，访谈者可以在开场时真诚地表达对教师长期投身高等职业教育事业的敬意，如"您于高等职业教育领域辛勤耕耘多年，必定积累了诸多宝贵经验与动人故事，我对您的分享满怀期待"，此类话语能迅速拉近与教师的距离，使其感受到被尊重与重视。

尊重贯穿于访谈的各个环节。尊重口述者的个人隐私，对于口述者不愿提及的敏感话题，不要强行追问。尊重口述者的观点与感受，即便与自身观点相悖，也不应轻易打断或反驳。在访谈过程中，使用礼貌、谦逊的语言，杜绝生硬、命令式的口吻。当口述者讲述在教学改革中遭遇的困难与挫折时，访谈者应认真倾听，给予同情与理解，而非急于给出建议或评价。

（二）理解口述者的背景与处境是构建良好关系的核心要点

高等职业教育领域涉及教师、学生、管理者、企业合作方等不同角色群体，他们的生活背景与经历各异。访谈者需充分了解口述者的职业背景、教育经历、工作环境等，以便更好地理解其叙述内容与情感表达。在访谈企业合作方代表前，访谈者应预先了解该企业的业务范畴、在行业中的地位以及与职业院校的合作历史，如此在访谈中便能更好地理解代表所讲述的合作过程中的问题与期望，进而与之展开更深入的交流。

（三）倾听、理解与反馈是构建良好访谈关系的重要方法

倾听是访谈的核心环节，访谈者需全神贯注地聆听口述者的讲述，不仅要关注言语内容，还要留意其语气、语调、表情及肢体语言等非语言信息。通过专注倾听，让口述者感受到自身讲述被重视，从而更乐于表达观点与情感。在口述者讲述过程中，访谈者可以通过点头、微笑或适当的回应等方式表示自己在认真倾听，如"嗯，我懂了""接着呢"等，鼓励口述者继续讲述。

理解是对倾听的深化，访谈者应站在口述者的角度，设身处地去感受其经历与情感。在访谈职业院校学生过程中，当学生讲述实习过程中面临的困难与压力时，访谈者要理解学生彼时的焦虑与无助，给予情感上的支持与共鸣，如"我能体会你当时的感受，那肯定很不容易"。

反馈是将倾听与理解传递给口述者的重要途径。访谈者可通过总结口述者的观点、重复关键内容、表达自身感受等方式进行反馈。在口述者讲

述完自己在高等职业教育改革中的经历后，访谈者可以总结道："您的经历让我深切体会到高等职业教育改革的复杂性与挑战性，您在此过程中付出诸多努力，也收获了不少成果，这些经验对我们的研究极具价值。"通过此类反馈，让口述者感受到自身讲述得到了理解与认可，进一步巩固访谈关系。

在实际访谈中，良好的访谈关系能够显著提升口述史信度。在对某职业院校的系列访谈中，一位访谈者凭借真诚的态度、尊重的言行与深入的理解，与众多口述者建立了良好的关系。在与一位退休教师的访谈中，教师起初对某些敏感问题有所保留，但随着访谈推进，访谈者的真诚与理解使教师逐渐放下顾虑，分享了诸多关于学校早期发展及教学改革的珍贵回忆，包括一些未公开的细节与内部矛盾。这些信息为研究提供了独特视角与丰富资料，大大提高了口述史的信度与研究价值。

反之，若访谈关系欠佳，口述者可能有所保留、隐瞒信息，甚至提供虚假信息。在另一次访谈中，因访谈者态度生硬、提问方式不当，致使口述者感到不适，回答问题时变得敷衍，仅提供一些表面信息，对关键问题含糊其词，导致访谈未能获取有价值的内容，严重影响了口述史信度。

二、避免访谈者的主观偏差

在高等职业教育口述史访谈过程中，访谈者的主观偏差可能对访谈结果产生负面影响。访谈者的个人偏见、先入为主的观念以及对高等职业教育的片面理解，均可能导致在提问与引导过程中出现偏差。若访谈者对高等职业教育的某一方面持有特定观点，如认为实践教学优于理论教学，在访谈中可能会不自觉地引导口述者朝此方向讲述，进而忽视理论教学的重要性与作用。在询问教师关于教学方法的问题时，访谈者可能更多聚焦于实践教学方法，而对理论教学方法的探讨不够深入。为规避主观偏差，访谈者应保持客观、中立的态度，尊重口述者的观点与经历，不将自身观点强加于口述者。访谈前,要全面了解高等职业教育的各个方面,防止因自身知识局限而产生偏见。

时间因素也可能引发偏差。访谈时间过长容易使口述者感到疲惫,影响其记忆与表达能力。在长时间访谈中,口述者可能出现注意力不集中、思维混乱的情况,导致讲述内容出错或遗漏。而访谈时间过短则可能无法获取全面信息。在研究某职业院校发展历程时,若访谈时间过短,可能难以深入了解学校在不同阶段的重要事件与发展变化,遗漏关键信息。因此,需合理规划访谈时间,依据访谈内容的复杂程度及口述者的状态,适时调整访谈节奏,确保在有限时间内获取高质量信息。

在访谈过程中,还可能出现记录偏差。记录人员的记录速度、理解能力以及对高等职业教育术语的熟悉程度等因素,都会影响记录的准确性。若记录人员记录速度跟不上口述者的讲述速度,可能遗漏重要信息。对高等职业教育术语不熟悉,可能错误记录口述者的专业表述。在记录职业院校专业教师关于教学改革的讲述时,记录人员将"项目式学习"误记为"项目学习",虽看似差别不大,但可能影响对教学改革内容的准确理解。为避免记录偏差,记录人员需接受专业培训,提高记录速度与准确性,充分了解高等职业教育术语。访谈结束后,要及时与口述者核对记录内容,保障记录的真实性。

在实际案例中,干扰与偏差的影响得以充分体现。在对某职业院校教师的访谈中,因访谈环境嘈杂,口述者在讲述教学过程中的重要事件时,受外界噪声干扰,思路中断,无法完整回忆起事件细节。在另一次访谈中,访谈者因对高等职业教育的实践教学存在偏见,提问时过度引导教师讲述实践教学的优点,而对理论教学的重要性及存在的问题一带而过,致使获取的信息片面。

为提升高等职业教育口述史的信度,必须采取有效举措规避干扰与偏差。访谈前,精心挑选访谈环境,确保环境安静、舒适、安全。访谈者要持续提升自身素养，克服主观偏差，保持客观中立。合理安排访谈时间，避免过长或过短。加强对记录人员的培训，提高记录准确性，及时核对记录内容。通过这些措施，可有效降低干扰与偏差对口述史信度的影响，确保获取真实、准确、全面的口述内容。

三、记录与保存访谈资料

记录与保存访谈资料是高等职业教育口述史研究的关键环节，直接关系到资料的完整、准确与是否可利用，对提升口述史信度起着决定性作用。在访谈过程中，应采用多种记录方式，确保资料的全面记录。

录音是常用记录方式之一，能完整记录访谈过程中的对话内容，包括口述者的语气、语调、停顿等细节，这些信息对后续分析与理解访谈内容的意义重大。访谈前，要确保录音设备性能良好、电量充足、存储空间充裕，设置合适的录音格式与质量参数，以保证清晰、完整地记录访谈内容。访谈中，注意录音设备的放置位置，避免遮挡或受外界干扰，确保声音清晰可辨。

录像可进一步补充录音的不足，不仅记录声音，还能记录访谈者与口述者的表情、肢体语言等非语言信息。这些非语言信息能传达丰富的情感与态度，有助于更全面地理解访谈内容。在关于高等职业教育教学方法创新的访谈中，口述者在讲述教学实践时，通过录像可以观察到其兴奋的表情和生动的肢体动作，这些细节能够更直观地展现口述者对教学创新的热情与投入。

笔记同样不可或缺。访谈者在访谈过程中，要及时记录关键信息、重要观点、疑问点以及访谈过程中的特殊情况。对于口述者提到的重要事件的时间、地点、人物、关键数据等，要准确记录。在访谈职业院校教师关于某次教学改革时，教师提到改革前后学生的成绩变化情况，访谈者应及时记录具体的成绩数据与对比结果。对于口述者讲述中的疑问点，如表述不清的术语或事件，访谈者要记录下来，以便后续追问或核实。

在保存访谈资料时，要确保资料的安全性与长期可访问性。采用数字化存储方式，将录音、录像和笔记等资料存储于可靠的存储设备（如移动硬盘、云存储等）中，并定期进行备份，防止资料丢失。对存储设备进行加密处理，设置强密码，防止资料被非法获取。

建立详尽的资料目录与索引，便于资料管理与查找。对不同访谈对象、不同主题的资料进行分类整理，清晰标注访谈的时间、地点、对象、主题等关键信息，方便后续研究人员快速定位与获取所需资料。在研究职业院校的发展历程时，将关于学校创办初期及不同发展阶段的访谈资料分别归类，标注相关信息，当需要研究特定时期情况时，能够迅速找到对应的资料。

要注重资料的长期保存与维护。随着时间推移与技术发展，存储设备和格式可能改变，需要定期对资料进行迁移和格式转换，确保资料能够在不同设备和系统中正常读取与使用。对于录音、录像资料，要定期检查与播放测试，确保资料的完整性与可用性。

在实际案例中，资料的记录与保存对研究至关重要。在对某职业院校的系列访谈中，因采用录音、录像和笔记相结合的记录方式，全面记录了访谈过程信息。在后续研究中，研究人员不仅可以通过录音和录像回顾访谈内容，还能依据笔记快速定位关键信息。在分析一位教师关于教学改革的访谈资料时，研究人员通过录像观察到教师在讲述改革过程中的表情与肢体语言，更深刻地理解了教师的情感与态度；借助笔记中的关键数据记录，对教学改革效果进行了量化分析。

反之，资料记录不完整或保存不当，可能导致资料丢失或损坏，阻碍研究进展。在一次访谈中，因录音设备故障，部分访谈内容丢失，致使研究人员无法获取完整的信息，影响相关问题研究。在资料的保存方面，若存储设备损坏且未备份，会造成大量珍贵的访谈资料丢失，给研究带来难以挽回的损失。

四、提问技巧与引导策略

提问技巧和引导策略在高等职业教育口述史访谈中发挥着关键作用，直接影响获取信息的质量与信度。访谈者应熟练掌握多种提问方式，根据访谈情境和口述者的特点灵活运用，以获取准确、全面的信息。

（一）开放式问题是获取丰富信息的重要手段

此类问题给予口述者广阔的表达空间，能够激励口述者自由讲述自身经历、观点与感受。在研究职业院校教学改革时，访谈者可以提问："您能否谈谈在此次教学改革中，您的具体参与过程及感受？"这样的问题可以让口述者从自身角度出发，详细阐述教学改革的实施细节、遇到的困难、自身应对策略以及对改革效果的评价等多方面内容。一位教师可能讲述自己在教学改革中尝试新教学方法的具体过程，包括如何设计教学活动、如何引导学生参与、学生的反应如何等，还会分享自己在这个过程中的困惑和收获，为研究提供丰富的一手资料。

而封闭式问题仅适用于获取特定、明确的信息，如时间、地点、具体事件等。例如，访谈者可问："这次教学改革始于哪一年？""改革后的课程每周安排多少课时？"通过这类问题，能快速准确获取关键信息，避免信息模糊与歧义，为后续分析和研究提供精确的数据支撑。

（二）追问技巧是深入挖掘信息的有力工具

当口述者的讲述出现模糊不清、前后矛盾或重要线索时，访谈者应及时追问。在口述者提及某次校企合作项目成果显著时，访谈者可以追问："具体取得了哪些成果？如何衡量这些成果？"通过追问，能够获取更详细、具体的信息，揭示事件的本质与内在逻辑。若口述者讲述中出现前后矛盾，如先称教学改革提升了学生的实践能力，后又说学生实习表现欠佳，访谈者可追问："您前面提到教学改革提高了学生实践能力，后面又说实习表现不佳，这中间出现了什么问题？"通过此类追问，帮助口述者厘清思路，也使访谈者更准确地理解事件全貌。

（三）提问过程中，要避免诱导性问题

诱导性问题往往带有访谈者的主观倾向，会引导口述者朝特定方向回答，从而影响信息的真实性与客观性。在询问教师对教学改革的看法时，不可以提问："您觉得这次教学改革是否非常成功？"此类问题可能使教师即便认为教学改革存在问题，也会受引导倾向于回答成功。正确问法应为："您对这次教学改革的效果有何看法？"让教师能够客观地表达自身观点。

（四）引导策略也是访谈中不可或缺的部分

访谈者要善于引导口述者围绕主题讲述，避免话题偏离。当口述者讲述偏离主题时，访谈者可以通过适当提问或提示将话题拉回主题。在访谈职业院校管理者关于学校发展战略时，若管理者开始讲述学校某次校园活动，访谈者可以问："这次校园活动听起来很有意思，但我们还是回到学校发展战略上，您能谈谈学校制定发展战略时主要考虑了哪些因素吗？"这样的引导既尊重了管理者的表达，又将话题拉回主题。

访谈过程中，还可依据口述者回答进行灵活引导，深入挖掘相关信息。若口述者提到学校在师资队伍建设方面存在问题，访谈者可引导："您提到师资队伍建设有问题，能具体说说存在哪些问题吗？学校采取了哪些措施解决这些问题？"通过此类引导，能够更全面地了解师资队伍的建设情况。

在实际案例中，提问技巧和引导策略的运用效果显著。在对某职业院校校企合作项目的访谈中，一位经验丰富的访谈者运用开放式问题了解企业参与校企合作的初衷与期望，随后通过追问获取合作过程中的具体做法、遇到的问题及解决问题的详细过程。在访谈过程中，访谈者还巧妙地引导企业代表对比不同阶段的合作情况，分析合作效果变化原因，从而为研究校企合作提供了深入、全面的信息。

反之,若提问技巧和引导策略运用不当,可能导致获取的信息不完整、不准确。在另一次访谈中,访谈者由于提问方式单一,总是提出封闭式问题,且缺乏追问和引导,致使访谈内容流于表面,无法深入了解事件的本质与细节,严重影响口述史研究的质量与信度。

第三节 访谈后的资料整理与验证

一、访谈资料的整理与分类

资料整理与分类是高等职业教育口述史研究中极为关键的环节,它为后续深入分析与研究奠定基础,直接关乎研究的效率与质量。在整理资料时,需遵循科学的方法和原则,以确保资料的准确性、完整性及系统性。

(一)按照主题分类是常见且行之有效的方法

高等职业教育口述史资料涵盖内容广泛,包括学校发展历程、教学改革、师资队伍建设、校企合作、学生成长与就业等多个主题。例如,可将关于学校发展历程的口述资料归为一类,这类资料还可进一步细分为学校创办背景、不同发展阶段的关键事件、历任领导的管理举措等子类别。对于教学改革主题,资料可包含课程设置调整、教学方法创新、教学评价体系变革等方面。在对某职业院校的口述史研究中,将所有涉及学校创办初期艰难创业历程的访谈记录、录音整理在一起,便于集中分析学校在起步阶段面临的困难、应对策略以及取得的初步成果,从而清晰展现学校发展的起点与基础。

(二)时间顺序也是重要的分类依据

高等职业教育的发展是一个动态的历史过程,按照时间顺序整理资料,能够直观呈现高等职业教育在不同时期的发展变化。以某一特定职业院校为例，从建校初期的筹备工作，到发展过程中的几次重大改革，再到近年来的创新发展阶段，将各个时期的口述资料依次排列。通过这种方式，可以清晰看到学校在不同历史阶段的发展脉络。例如，在特定政策推动下，学校在师资引进、专业设置调整等方面的逐步变化，为研究高等职业教育的发展规律提供清晰的时间线索。

（三）访谈对象的差异也可作为分类标准

访谈对象包括学校领导、教师、学生、企业合作方等，不同群体从各自独特的视角提供了关于高等职业教育的信息。将学校领导的访谈资料单独分类，他们往往从宏观管理角度，讲述学校发展战略规划、重大决策制定过程以及与上级教育部门的沟通协调等内容。教师的访谈资料则侧重于教学实践，如教学方法应用、课程开发、学生指导等；学生的资料主要围绕学习体验、校园生活、职业规划等方面；企业合作方的资料则聚焦于校企合作模式、合作项目开展情况、对学校人才培养的反馈等。通过这种分类方式，能够全面且深入地了解不同利益相关者对高等职业教育的看法和影响，从多元视角审视高等职业教育的发展。

在整理过程中，务必确保资料的完整性与准确性。对访谈记录要仔细核对，确保无关键信息遗漏，对于模糊不清的表述，应及时与访谈者或口述者沟通确认。在转录录音资料时，严格遵循规范，避免出现错别字、语法错误等问题。同时，为每份资料建立详细的索引，标注资料来源、访谈时间、访谈对象等关键信息，以便后续查阅与调用。

例如，在对某职业院校校企合作口述史资料整理时，访谈者按访谈对象将企业代表、学校负责校企合作的领导、参与合作项目的教师和学生的访谈资料分别归类。在整理企业代表资料时，访谈者发现部分录音中关于合作项目的具体收益数据表述模糊，通过再次与企业代表沟通，明确了数据内容，保证了资料的准确性。通过建立索引，当需要研究校企合作中企业的需求和期望时，能够迅速定位到企业代表的访谈资料，提高研究效率。

科学合理的资料整理与分类，能够使繁杂的高等职业教育口述史资料变得有序，为后续的深入分析与研究提供坚实基础，有助于提升口述史研究的质量与信度。

二、运用数据分析方法提高信度

运用数据分析方法对高等职业教育口述史资料进行深入分析和验证，能够挖掘资料背后的潜在信息，揭示数据之间的内在关系，从而提高口述史研究的信度与科学性。

统计分析是一种常用的数据分析方法，它能够对大量的口述资料进行量化处理，以发现其中的规律与趋势。在高等职业教育口述史研究中，可对访谈资料中的各类数据进行统计分析。例如，在研究职业院校教师的教学改革实践时，统计不同教师在访谈中提到的教学改革措施的出现频率，通过频率分析，能够了解哪些教学改革措施被广泛应用，哪些相对较少采用。统计教师对教学改革效果评价的相关数据（如认为教学改革效果显著、一般、不理想的教师人数比例），从而直观了解教师群体对教学改革效果的整体看法。在对某职业院校教师的访谈中，通过统计发现，80%的教师认为实践教学环节的加强对学生的职业技能提升有显著作用，这一数据为进一步研究实践教学在高等职业教育中的重要性提供了有力支持。

内容分析则侧重于对资料的文本内容进行深入解读，挖掘其中的主题、观点和意义。在对高等职业教育口述史资料进行内容分析时，首先对访谈记录进行编码，将文本内容划分为不同类别与主题。对于关于高等职业教育政策的口述资料，可编码为政策内容、政策实施效果、政策存在问题等主题。然后对每个主题下的内容进行详细分析，总结出主要观点与关键信息。通过内容分析，能够发现不同口述者对高等职业教育政策的理解和评价存在哪些差异和共性，以及政策在实施过程中存在的问题与改进方向。在对职业院校教师和学生关于高等职业教育政策的访谈资料进行内容分析时，发现教师更关注政策对教学工作的指导作用和资源支持，而学生则更关心政策对自身就业和职业发展的影响。这种分析结果为政策制定者提供了多角度的参考，有助于政策的优化与完善。

话语分析主要关注语言的使用和表达，通过分析口述者的话语结构、修辞手法、情感表达等方面，揭示其背后的立场、态度与价值观。在高等职业教育口述史研究中，话语分析能够帮助我们深入理解口述者的内心世界和主观感受。例如，在访谈一位职业院校的校长关于学校发展战略时，通过话语分析发现，校长在描述学校的发展目标时，频繁使用积极向上的词汇（如"创新""领先""卓越"等），表达了对学校未来发展的强烈信心和追求卓越的决心；而在提到学校面临的困难时，语气较为委婉，强调外部环境的影响，这反映出校长在维护学校形象的同时，也在寻求外界对学校发展的支持。通过话语分析，能够更全面、深入地理解校长的领导理念和学校发展战略的内在逻辑。

在实际案例中，运用数据分析方法能够显著提高高等职业教育口述史的信度。在对某职业院校学生就业情况的口述史研究中，综合运用统计分析、内容分析和话语分析方法。通过统计分析学生就业的行业分布、薪资水平等数据，了解学生就业的基本情况。运用内容分析对学生关于就业困难和职业发展的访谈内容进行分析，总结出学生面临的主要就业问题，如专业技能与市场需求不匹配、就业信息获取渠道有限等。通过话语分析学生在讲述就业经历时的情感表达和用词特点，了解他们对就业的态度和期望。通过这三种分析方法的综合运用，从多个角度全面、深入地了解了学生的就业情况，提高了研究结果的可信度和说服力，为学校改进就业指导工作提供了有针对性的建议。

运用数据分析方法对高等职业教育口述史资料进行分析和验证，能够从不同角度揭示资料的内涵与价值，提高研究的科学性与信度，为高等职业教育的发展提供更有价值的参考与借鉴。

三、多渠道验证资料的真实性

多渠道验证资料的真实性是提高高等职业教育口述史信度的核心环节，它能够有效避免因单一资料来源可能导致的片面性与主观性，确保研究结果的可靠性与准确性。

（一）与其他历史资料比对是验证资料真实性的重要手段

高等职业教育的发展历程留下了丰富的档案文献、学术著作、研究报告等历史资料。在研究某职业院校的发展历程时，可将口述资料与学校的档案文件进行比对。学校档案中记录了历年的招生人数、专业设置、师资队伍变化等信息，这些信息具有较高的权威性与客观性。通过与口述资料中关于学校发展关键节点的描述进行对比，能够验证口述内容的准确性。例如，口述资料中提到某一年学校新增了某个热门专业，可查阅学校当年的招生计划、专业申报文件等档案资料，确认该专业的开设时间、招生情况等信息是否一致。如果两者相符，则进一步增强了口述资料的可信度；若存在差异，则需要深入调查原因，可能是口述者记忆偏差，也可能是档案资料存在记录错误。

（二）寻找旁证也是验证资料真实性的有效方法

旁证可以来自不同的利益相关者或相关事件的参与者。在研究某职业院校的一次教学改革时，除了听取参与改革的教师的口述，还可以收集学生的反馈、学校教学管理部门的评价以及其他未直接参与改革但对学校教学情况熟悉的人员的看法。学生作为教学改革的直接受益者或参与者，能够从学习体验的角度提供关于教学改革效果的信息。学校教学管理部门则可以从宏观管理的角度，提供教学改革的组织实施情况、对教学质量的整体影响等方面的信息。通过综合分析不同来源的旁证，能够更全面、客观地了解教学改革的实际情况，验证口述资料的真实性。

（三）再次访谈也是解决资料真实性问题的重要途径

当发现口述资料中存在疑问或矛盾时，通过再次访谈口述者，进一步核实相关信息。在访谈一位职业院校的老教师关于学校早期的教学情况时，老教师提到当时采用了一种独特的教学方法，但在后续的资料分析中发现该教学方法的描述与其他资料存在冲突。通过再次访谈老教师，详细询问该教学方法的具体实施细节、应用时间、教学效果等方面的问题，老教师回忆之前的表述存在一些偏差，并对相关内容进行了修正和补充。再次访谈不仅能够澄清疑问，还能让口述者有机会进一步完善和丰富自己的叙述，提高口述资料的准确性和完整性。

在实际案例中，多渠道验证资料真实性的作用得到了充分体现。在对某职业院校的校企合作口述史的研究中，通过与企业合作协议、合作项目的财务报表、学校的实习实训记录等档案资料进行比对，发现口述资料中关于校企合作项目的合作期限、资金投入、学生实习安排等方面的内容存在部分不一致的情况。通过进一步寻找旁证，与参与合作项目的学生、企业的人力资源部门负责人进行沟通，了解到由于沟通不畅和记录不及时，口述资料和档案资料出现了偏差。经过再次访谈相关人员，最终确定了校企合作项目的真实情况，保证了研究资料的可靠性，为后续对校企合作模式和效果的深入分析提供了坚实的基础。

多渠道验证资料真实性是确保高等职业教育口述史信度的关键措施，通过综合运用与其他历史资料比对、寻找旁证、再次访谈等方法，能够有效提高口述资料的可信度，为高等职业教育口述史研究提供真实、可靠的资料支持。

第二部分　口述实录篇

高山：辽宁地质工程职业学院成长中的点点滴滴

1986年8月我被分配到东北有色金属地质职工中等专业学校，成了一名职业教育老师。1987年8月，我担任学校团委书记，开始接触学校的行政工作；1988年，陪同时任校长赵永昌进行地方服务项目，开创了成人学校招收普校生的先河，并凭借此项举措成功保留下了这所学校。1989年，开始负责学生工作，我校的学生管理成为省市的榜样，也因此被评为全国先进学校。1990年3月，我有幸当选为学校党委委员。1993年，我陪同时任校长万真祥多次向中国有色金属工业总公司申请，历经艰辛，学校在1994年1月由成人学校晋升为普通中等专业学校。1995年12月，我荣任学校副校长兼纪委书记。2002年，我带领师生们日夜奋战，使学校晋升为省重点校，2003年又成功晋升为国家重点校。2004年和2005年，学校新增4个省级示范专业，为晋升高等职业技术学院奠定了基础。2006年4月，我被任命为学校党委书记。同年，陪同时任校长乔佩科申报高等职业技术学院，常常通宵达旦，以冷水洗面，持续奋战。2007年3月22日，学校成功晋升为辽宁地质工程职业学院。2021年，我不顾自己年事已高，临危受命，接管教学管理工作，这在辽宁省也是唯一由党委副书记分管教学工作的案例。在此期间，我组织修订了27门人才培养方案、527项课程标准，推进能力图谱建设，为学校高质量发展奠定了基础。近三年来，学院成功晋升为辽宁省"兴辽双卓越"学校，师生斩获各级各类奖项不计其数，我也当选为丹东市人大代表、丹东市社科联兼职副主席。

39年来，我夙兴夜寐，尤其在前25年"白+黑""6+1（5+2）"的工作模式成为常态，每日清晨5:30到校，晚上10:30归家，每年休息三五天。校园中，既有我为学生严谨传授知识的场景，也有我为学生耐心疏导心理的时刻，还有我为学生安全挺身而出的背影……我也荣获了丹东市十大青年思想政治工作者、丹东市优秀青年校长等诸多荣誉称号。

无论担任何种职务，我始终坚守在教学一线。通过上课，我能更深入了解学生的需求以及教师的教学状况，也为自身能力提升奠定基础。我有幸成为教育部高职诊断与改进专家库成员、辽宁省高职诊断与改进工作委员会成员、辽宁省诊断与改进方案主要起草人之一、辽宁省高校绩效管理考核专家委员会委员、高校绩效管理考核评审专家组副组长、辽宁省职业教育评估专家库成员、中高职合格评估专家组副组长与组长、辽宁省高校青年教师大奖赛评委、丹东市职教顾问。

39年来，我担任学校党委委员35年，担任校级领导正副职28年，往昔经历仍历历在目。尽管我讲述的故事中有诸多鲜为人知的细节，但我希望通过总结过往的探索，来留存美好的记忆，于晚霞余晖中传递对未来的期望。

一、强化风险"应变力"，是办好职业教育的前提

职业教育初期总是举步维艰，每前进一步所面对的都是沟壑纵横、遍地荆棘，这就要求职教人，尤其是负责人具备强大的承受能力和化解能力！必须要随时应对各种风险，稍有不慎，便可能陷入万劫不复之境。作为职业教育的带头人要强化自身学习，提升理论引领能力，增强发展沟通与人

际关系处理能力、培养决策与解决问题的能力、提升团队建设和激励能力、塑造逆境应对能力和领导风格，并善于接受反馈、持续改进。在处理矛盾、冲突或困难时，应始终保持冷静、理性和客观，勇于倾听和表达意见，善于寻找解决问题的方法和方案。通过有效的沟通与协商，不断实践并改进处理问题的方式，领导者方能有效应对各类挑战，推动职业教育实现良好发展。

案例：东北有色金属地质职工中等专业学校的保留

党的十一届三中全会之后，改革开放成为各行各业的主基调，科技人才是改革开放的重要支撑，培养各级各类人才成为重点工作之一。原国家教委在《关于改革和发展成人教育的决定》中指出："企业职工教育应将提高从业人员本岗位所需的工作能力和生产技能作为重点，广泛开展岗位培训。"基于这一精神，有色金属工业地质勘探系统在国家"七五"期间规划建设一批新型职工中等学校，同时作为有色金属地质勘探系统职工培训中心。1984年12月6日，东北有色金属地质职工中等专业学校在这一背景下应运而生。

1984年12月，学校组建了第一届领导班子；1985年9月，学校在租赁的校园迎来了第一届学生；1986年12月，成立了第一届党委。1987年11月校舍建设完成，学校拥有了自己的校园，师生们满怀欣喜地入驻新校区。此后，除上课时间外，师生员工全员参与平整操场、修缮道路、清理卫生、种草植树等工作。尽管大家身心俱疲，但脸上洋溢着幸福的笑容。

在学校建设过程中，涌现出许多可歌可泣的故事，然而，令人难以忘怀的当属"学校保卫战"。

1988年4月14日，周一上午，我正在待建球场查看，准备安排学生平整球场。此时，我看到辽宁有色地质103队总工于喜章（以下简称"于总"）及随行人员，我以为他们是来找时任校长赵永昌的，便上前打招呼并请他们上楼。于总表示："不找你们领导，就是过来看看，公司把这个楼给我们地质科了，学校不办了，你忙你的，我们随便看看怎么分办公室。"等他们离开后，我立即跑到校长室，向赵校长汇报了此事。赵校长询问学校还有谁知晓此事，我回答当时只有我一人知道。赵校长叮嘱我要严守秘密，切勿让他人知晓。

　　此后的日子里，我的脑海中全是学校不办了这件事。我多次想询问赵校长的想法，可每日早晚都在学校的赵校长却突然消失了。4月18日，我正在检查早操情况，赵校长满脸微笑地走来，一边和我观看学生做操，一边问我张忠副市长（主管教育，以下称"张市长""张老师"）是否是我的老师，我予以肯定答复。赵校长随即表示，一会儿上班时让我和他去找张市长办点事。张老师热情地接待了我们，赵校长开始与张市长探讨为地方经济服务的问题。交谈时间不长，但我感觉张市长有些不耐烦，反复向赵校长表示要考虑考虑，有想法会通知我们。

　　在回学校的路上，我对赵校长说此事恐怕难以成功，赵校长却信心十足地称肯定能成。我感到十分诧异，张老师的态度如此，怎么就成了呢？在闲聊中我了解到，赵校长听我说103队于总来分房子，当时学校小车不在，他立刻带着"130车"前往沈阳，可谓分秒必争。到达沈阳地勘公司后，赵校长找到赵经理，赵经理告知总局通知所有职工学校都停办，因我校离103队近，所以把房地产分给103队。赵校长赶忙坐火车前往北京，找到有色总公司地质总局，在北京做了两天工作，总局最终给出的意见是，若能保证办学规模，学校便可继续开办，而规模问题需要学校自行解决。赵校长返回沈阳后，又与公司阐述了学校应继续办学的理由，得到公司认可，星期天赶回丹东，谋划办学规模问题。可我看到张老师的态度，觉得从地方招生的可能性不大，实在不明白赵校长的自信从何而来！

　　6月14日赵校长找到我，让我陪同他在市内走访几个大局，以服务地方经济为由，解决办学规模问题。我惊讶地看着他，他自豪地对我说："我说能办成吧，张市长将亲自主持这个联席会议！"我陪同赵校长花费近10

天时间，走访了丹东市计委、粮食局、公安局、劳动局、人事局、教委、招生办。6月24日，为地方服务联席会议在我校胜利召开。张市长主持会议时特别强调："地质中专是外地学校，我们之所以为这所学校召开联席会议，是赵校长为学校发展的执着精神打动了我。他一个多月几乎天天守在我的办公室外，我工作到多晚，他就等到多晚，一个方案被我否决，他马上拿出另一个方案，这种精神难道不值得我们各级干部学习吗？……"此时此刻，我终于明白了赵校长的自信源自何处！

联席会议后，赵校长前往北京汇报，总局教育工作负责人魏需模等同志对此深感震惊，也被赵校长深深感动，同意我校继续办学。这使得我校成为中国有色金属工业总公司（部级单位）保留的唯一的职工学校。魏处长还协助学校与辽宁省教委协调，魏处长也帮助学校与辽宁省教委协调，最终在1988年7月11日，辽宁省教委同意我校在丹东地区招生，也为成人学校的发展开辟了新的路径。

二、强化制度"推动力"，是办好职业教育的抓手

学校得以保留后，如何实现发展成为亟待解决的问题，并被提上议事日程。学校坚持以制度建设为关键着力点，依据《中共中央关于教育体制改革的决定》《国务院关于大力发展职业技术教育的决定》，全面且系统地制定各类行政规章制度。严格依照制度健全组织机构、规范管理职能、完善民主监督机制，构建起规范统一、分类科学、层次清晰、运行高效的规章制度体系。学校依据原国家教委发布的《关于加强和改进高等学校马克思主义理论教育的若干意见》，创新性地出台《加强思想政治工作的决定》等党建文件，进一步强化党对学校的领导。

案例：东北有色金属工业学校的晋升历程

学校一方面深入推进改革，另一方面规范内部治理。由于学校工作人员构成极为复杂，稍有变动，便有人借机闹事，甚至存在随声附和者。每

一项制度在起草后，均反复征求各方意见，即便经职代会通过，仍有部分人唱反调，甚至四处造谣、向上级领导恶意告状。时任校长万真祥顶住巨大压力，坚定不移地推进各项制度实施。我多次劝说其放缓改革步伐，万校长回应："改革必然会有牺牲，若不改革，学校将难以发展，自己在位一天，便要为学校负责一天。"目睹老领导的坚毅担当，我深切体会到"为有牺牲多壮志"的含义。正是凭借这种拼搏精神，我们奋发图强，于1992年9月学校荣获了"全国成人教育先进学校"称号。学校发展永无止境，万校长不顾外界的流言蜚语与恶意诋毁，一手抓规范管理，一手抓学校晋升。我多次陪同万校长整理材料、进京申报，深知其艰辛不易。1994年1月14日，学校终于成功晋升为普通中等专业学校，同时更名为东北有色金属工业学校。

三、强化内涵"支撑力"，是办好职业教育的途径

如今，实现高质量内涵式发展已成为我国职业教育的核心主题。我们不仅需要深入思考"实现何种内涵式发展"这一关键问题，更要积极探索"如何实现内涵式发展"的有效路径。党的二十大报告提出的教育、科技、人才三位一体的发展战略，为职业教育发展指明了方向。对此，我们不仅要加强顶层设计，构建符合中国国情、体现时代特征的职业教育体系；还需要树立大职业教育观，强化教育与产业融合发展，注重培养学生的数字化素养、绿色可持续发展意识，增强学生在新兴技术领域的适应能力与应用能力，推动形成产学研用一体化的新型人才培养模式。职业院校应依托自身优势，精准对接前沿科技领域，科学规划并优化相关专业的人才培养方案与课程设置，提前布局面向未来新兴产业的专业体系，以储备和输送满足新质生产力发展需求的高端技术技能人才。

专业建设的最终目标在于培养一流人才，这需要依托专业建设平台，对课程、教师、教学、学生及教学方法等资源进行整合升级。

（1）实现培养规格的转型升级，旨在培养既具备一定技术运用与革新能力，又拥有较强专业技能的技术技能型人才。

（2）推动专业标准的转型升级，吸收国际先进理念，主动对接国际先进标准。

（3）促进人才培养方案的转型升级，围绕发展型、复合型和创新型三个特征要素，强调技术、注重技能、关注创新、兼顾人文与综合发展。

（4）加强师资建设的转型升级，重视教师行业气质的培养，提升其科技服务能力。

（5）推进校内实训基地的转型升级，实现从单一技能训练向技能训练与技术研发并重的转变。

（6）完成教学评估内容的转型升级，引入第三方评价主体，注重学生的学业成果。

教师作为课程改革和教学创新的执行者与推动者，因此，提升其专业素养和教学能力也至关重要。

首先，构建常态化的教师培训体系与学术交流机制，鼓励教师积极参与各类专业培训与行业实践，将最新的行业动态、技术成果与实践经验融入教学内容，确保教学内容的时效性与前沿性。

其次，建立课程动态调整机制。通过系统性的市场调研与详尽的就业情况分析，持续监测行业动态与人才需求变化，确保课程内容能够紧跟时代步伐，及时调整并优化，以提升学生的就业竞争力和职业适应性。

最后，成立行业专家咨询委员会。邀请相关行业的资深专家、学者及企业领袖，凭借其丰富的实践经验和前瞻性的行业洞察，为课程设置与教学改革提供权威指导与决策支持，确保课程内容既具有高度的实用性，能够直接对接行业岗位需求，又具备前瞻性，能够预见并引领未来发展趋势。

案例：省重点学校、国家重点学校的晋升历程

晋升为普通中等专业学校后，学校面临诸多挑战与不适。然而，全校师生员工历尽艰辛，克服困难，以上天揽月、下洋捉鳖的无畏胆识，以同生死、共命运的团结精神，以惊天地、泣鬼神的豪迈气概，以化腐朽为神奇的非凡壮举，谱写了一曲曲心系集体、情牵校园、气势恢宏的动人乐章。其中，"晋升重点校"这一历程尤为令人刻骨铭心。

北国的腊月寒风凛冽，但在校园里却洋溢着春的气息。2002年1月21日，时任校长王绍宽在会议室主持召开领导班子会议，现场气氛热烈非凡。参会人员包括三位校领导、两位校长助理，会议议题是研究是否参加省重点中专评估。此次评估直接关乎学校的前途命运，因此与会者各抒己见，深入分析利弊。从学校实际情况来看，成败概率各半。若成功，学校将迎来新的生机，获得更强的竞争力；若失败，学校则可能陷入经营困境，再难有出头之日。领导班子承受着巨大压力，他们既可能成为扭转学校困境的功臣，也可能成为加速学校解体的罪人。因此，此次决策异常艰难。经过反复商讨，最终王校长力排众议，决定参加评估。其理由主要有三点：其一，省里同意学校参加评估，这对学校而言是难得的"三级跳"机遇，不容错过；其二，从学校命运考量，中专教育呈下滑趋势，学校不能坐以待毙，只要有一线希望，就应全力拼搏；其三，若评估成功，学校将迎来转机，对今后的招生及学校发展极为有利。至此，由王校长挂帅、我为先锋的省重点中专评估工作正式拉开帷幕。

随着我们对评估指标体系的分解与细化，学校与评估指标的差距愈发明显，尤其是在硬件方面，以学校目前的情况难以达到评估要求。想要成功通过评选谈何容易，许多同志因此失去信心。再加上省教育厅关于评估的准确时间迟迟未确定，学校评估工作只能暂缓。3月21日，教育厅确定了评估时间。3月22日校党政领导在丹东第二医院会议室召开会议（王校长当时正在住院），再次研讨学校是否参与此次评估。会上意见分歧较大，

但最终达成统一，决定参加评估。由于王校长当时仍需留院治疗，此次学校评估工作由我作为总指挥，并为保障此事得以平稳、高效推进，全校各项工作均围绕评估任务展开，全力为其提供支持与保障。学校领导班子具有一种团结向上的协作精神，无论何事，只要做出决策，每个成员都会全力以赴，积极履行各自职责。

王校长虽在医院住院，却心系学校，每日通过电话指挥评估工作。数次学校会议，他都是在输液尚未结束时，便拔掉针头，赶回学校及时安排工作。他的精心筹划与细致安排，为评估胜利奠定了坚实基础。他不仅是评估工作的指挥者，更是积极参与的实践者。他拖着病体，亲自检查、督促各项工作，对汇报材料更是字斟句酌，深入挖掘学校一些看似平凡却独具特色的工作，作为办学特色进行汇报，得到了专家的认可。

2002年年初，学校经历了一场严峻考验。每一位师生员工都在评估工作中承担着重要角色。仅在寒假期间，就有70多人参与其中，其中30多人连续70多天未曾休息。大家秉持"只要有1%的希望,就要尽100%的努力"的信念，夜以继日地工作。在资料编写、整理、分类工作完成后，又对条目进行核算、复查，并补充了大量资料。3月25日后，全校更是一切围绕评估，上下同心，步调一致。10多名同志在近一个月的时间里，只能在办公室椅子上和衣而眠，每日睡眠时间不足4个小时。

4月24日，关键的时刻终于来临。早上8点30分，复评工作会正式开始。王校长的汇报声情并茂，令人动容。应答人员进入高度紧张状态，时刻听从评估组的调遣。其他同志亦是如此，评估组需要什么，便迅速提供什么，速度之快令人惊叹。评估组所到之处，都受到热情接待，充分体现了"上下同欲者胜"的道理。至4月25日晚，学校评估工作结束，我们已稳操胜券。作为总指挥的我，深切体会到夺取胜利的喜悦。同时，因为我过分紧张评估工作进度，部分同志在工作过程中受到了过于严厉的批评，承受了委屈，对此我深感内疚，并在此向大家表示由衷的歉意！

经过百日拼搏，学校成功晋升为辽宁省重点中专。但全校上下深化改革、努力进取的决心未曾改变。2004年3月，学校晋升为国家级重点职业学校。2005年4月，辽宁省人民政府批准学校更名为东北工业学校。

四、强化发展"创造力"，是办好职业教育的关键

创新发展是办好职业教育的核心所在。创新不仅是职业教育的核心追求，更是推动职业教育高质量发展的关键任务。

（1）明确发展思路。结合学校的办学特色与服务的行业领域，坚持深化产教融合、校企合作，持续提升关键办学能力，努力将学院建设成为"当地离不开、社会有需求、业内都认可"的高水平职业院校，为培养更多高素质技术技能人才、能工巧匠、大国工匠，服务地方经济社会发展作出更大贡献。

（2）进一步突出重点，加快建设现代职业教育体系。坚持锐意改革创新，是学校推进各项重点任务、提升关键办学能力、打造核心竞争力的内在要求。

（3）把牢方向，优化环境。引导广大教师践行教育家精神，从党性、民性、人性的角度，深刻认识、理解、把握并践行正确科学的政绩观、人才观和教育观。大力弘扬劳模精神、劳动精神、工匠精神，努力营造风清气正的育人环境，激励青年一代走技能成才、技能报国之路，切实回答好"培养什么人、怎样培养人、为谁培养人"这一根本问题。

（4）靶向发力，精准施策。通过全面查找思想观念、工作作风、思路举措等方面存在的差距与不足，找准问题产生的深层次根源，引导广大党员干部教师以创新思维提升自身工作能力，切实增强推动发展的本领，不断提高师生群众的获得感、幸福感、安全感。

（5）强化运用，注重实效。结合工作实际找准切入点和突破口，推进学院教育事业综合改革，激发党员干部教师干事创业的活力，为推动职

业教育高质量发展凝聚强大精神力量。

案例：辽宁地质工程职业学院的晋升历程

2006年4月，辽宁有色地质局对学校提出尽快建成高等职业技术学院的要求，这一重任落在时任校长乔佩科肩上。在接下来的八个月里，乔校长为推动晋升工作，多次拜会省市内各级领导及相关部门。据我粗略统计，达52次之多。每次乔校长来电，都要求在1天内报送相关材料，最长不超过2天。为确保材料准确无误，我都会亲自撰写，先后报送大大小小文件200余份。在申报过程中，方案屡次被否定，但学校始终没有放弃，不断尝试不同的方法。如申报名称，上级说用"东北"不行，就我们改为"辽宁"；申报方式，上级说"中职升高职"不行，我们就改为"地质局重新创建高职院"……

2007年是学校实现飞跃的关键一年。1月9日上午，我在市委开会时，司机前来告知乔校长要求立即回电。电话中，乔校长通知晋升评估专家将于1月11日到校，留给学校的筹备时间不足两天。我立即通知办公室中午12:30开召开全校教职工大会，会上对180名教职员工进行了任务分配，明确此次评估是晋升高等职业技术学院的唯一机会，必须全力以赴。全校师生员工迅速行动起来，编排资料、印刷文件、整理实训室、清理卫生等工作有条不紊地展开。我也立即以辽宁有色地质局的名义起草评估工作汇报提纲，并对各部门提交的评估资料逐一审核。看到需要返工的部门同志双眼通红、疲惫不堪，我虽心疼，但仍严格把关。审核完第一批资料时，天已微亮，此时我才感到饥饿，想起自己已两顿未进食。此时室外寒冬凛冽，我走出房间到院子透气，看到校园里灯火通明，师生们往来忙碌，内心满是感动。1月10日，乔校长从阜新赶到沈阳沟通评估事宜后，马不停蹄赶回学校。中午对评估工作进行全面检查，在提出修改意见后，又赶赴高速公路口迎接评估专家，到晚上九点返回学校继续安排迎检事宜。直到1月11日凌晨3:00，看到学校将300多盒评估资料全部整理装盒，看着这些资料和焕然一新的校园，大家心中感慨万千。

1月11日早上8:00专家进校，学校根据专家建议逐一整改。然而，刚过小年就传来一个不利消息，学校土地面积不足200亩（1亩≈666.67平方米）不符合晋升条件。乔校长立刻向局里申请借款征地，同时与丹东市振安区商谈征地事宜。令人惊叹的是，仅用五天时间，在农历腊月二十八我们就拿到了土地证，堪称奇迹。此后的日子里，大家度日如年。直到3月19日，学校接到通知，申报材料将于3月21日上报大评委会。

3月20日下午，学校一行7人前往辽宁大厦，准备为评委会议提供服务，却接到厅里通知要求回避，评选结果未出前不得与专家见面。21日早上8:30，评委会正式开会，大家在房间里焦急等待，紧张到能听到自己的呼吸声，生怕错过电话通知。9:30，大家坐立不安，在房间里来回踱步，深切体会到了心如油煎、如坐针毡、如履薄冰的滋味。等到中午11:50，终于传来喜讯，23位大评委全票通过学校的晋升申请。

3月22日是我们工作最紧张的一天，学校必须在一天内完成教育局备案。为了节省时间，我们分头行动。乔校长跑教育厅、发改委、财政厅，我跑人事厅、编办，拿着复印件，给各部门审核，来回传递会签文本。16:30，乔校长找到正在全局大会讲话的王研局长，王局长马上宣布散会，陪同乔校长到省政府找鲁昕副省长签字。鲁昕副省长正在开会，王局长几次想进会场，都被秘书拦截下来。王局长说："我们着急啊，今天省政府文件出不来，明天教育部就备不上案，今年就招不了生。"秘书还是不让进，王局长开玩笑地对秘书说："你就不能去趟厕所？"秘书无奈地走开了，王局长闯进会场，鲁省长不高兴地说："王研你干什么？"王局长很滑稽地敬了个军礼："报告鲁省长您交给的任务完成了，晋升高等职业技术学院问题就差您签字了。"鲁省长当着诸多人的面说："你们看看，这也是正厅级干部，为了下属单位跑得气喘吁吁。"乔校长带着省政府的文件来到教育厅，已经是18:30。教育厅计划处的同志一直等在那里，接到文件后，立即上报教育部。第二天我们到厅里道别时，没人相信我们一天能够会签完毕，我们能够备案成功。

五、强化产教"新合力"，是办好职业教育的法宝

职业教育与产业存在天然的紧密联系，这就要求职业教育必须坚持人才培养目标与产业转型发展同步升级，专业结构调整与产业体系布局同步优化，教育教学方式与现代信息技术同步转型。只有脚踏实地推动产教融合走向深入，促进教育供给与产业需求精准对接，才能培养出与新质生产力相匹配的高素质技术技能人才。通过让每个专业与相应行业的头部企业建立融合机制，形成联合体、共同体，使教学目标对应企业需求，教学内容匹配岗位技能，从而有效实现为产业输送高端技术人才的目标。

现阶段，我国高等职业技术学院在产教融合实践中，仍存在多元主体关系松散、共同愿景模糊、行业企业参与被动消极等诸多问题。高等职业技术学院须紧紧抓住产教融合这一核心议题，以"有利于人才培养、有利于学校发展、有利于企业增效"为导向，创新主体协作、要素融合和利益共享的产教融合新机制，打造产教融合新生态，高效推动高等职业技术学院高质量发展。

（1）高等职业技术学院要坚持服务发展、促进就业的导向，建立紧密对接产业链、创新链的专业体系，构建"招生—培养—就业"联动机制，推动职业教育发展与产业转型升级有效衔接、同频共振，为区域产业发展提供人才与技术服务支撑，激发区域政府参与职业教育办学的积极性。

（2）在人才培养要素方面，学校应主动对接区域产业链，吸引行业领军型企业共建特色产业学院、混合所有制实训基地，开展校企专业共建、课程共融、教材共编、基地共享、师资共聘，在人才培养、技术创新、社会服务、就业创业、文化传承等方面展开深度合作，通过全方位的要素融合，深化校企合作的内涵。

（3）完善利益分享机制，构建职教联盟共同体。强化以利益为纽带的治理建设，发挥职教联盟在产教融合、校企合作中的纽带作用，推进职教联盟建设，科学谋划联盟框架下的长效合作机制与常态项目，推动形成以高参与度为特征的职教联盟运行新态势，开创规模多样、层级递进的多元合作新局面，激发协同育人动能。

案例："兴辽双卓越"高等职业技术学院的建成

2021年9月14日临近下班时，时任院长孙桂芳同志手持教育厅刚刚下发的文件找到我，要求我组织申报高等职业教育兴辽卓越院校和兴辽卓越专业群建设项目。当晚，我反复研读文件至凌晨两点。9月15日上班后，我与孙院长沟通，随后开始分解项目任务。此次"兴辽双卓越"建设项目是依据《国务院关于印发国家职业教育改革实施方案的通知》（国发〔2019〕4号）以及《教育部等九部门关于印发〈职业教育提质培优行动计划（2020—2023年）〉的通知》（教职成〔2020〕7号）等文件，结合辽宁省职业教育实际情况，开展的一项推进辽宁省职业教育高质量发展的重大举措。该项目标准颇高，兴辽卓越专业群建设项目需达到3个A，院校才能成为兴辽卓越院校。

为了圆满完成申报高等职业教育兴辽卓越院校和兴辽卓越专业群建设项目的工作，需要解决以下三个问题。

（1）"建群"问题。由于我院专业设置较为繁杂，给建群工作带来较大困难。为实现最佳建群效果，需对各系部的专业进行重新组合建立专业群，以便更好地与企业对接。为此，我们组织召开了系主任座谈会，阐明建群工作思路及利弊关系，强调在大是大非面前需具备大局观。尽管个别主任起初不太理解，但也只能在实施过程中逐步改变他们的想法。紧接着开始专业群的组建，并分解具体工作任务。9月17日上午，召开申报卓越院校和卓越专业群建设项目专题会，对该项工作进行详细部署，对工作标准逐一解答。

（2）"固群"问题。按照省教育厅的标准，我们费了很大力气组建了4个专业群。这4个专业群从基础到成果参差不齐，要达到3个A的难度可想而知。为顺利推进该项工作，我们每周召开两次调度会，协助专业群的负责人与各系部主任协调，共同完善每个群的功能，对标对表完成每个群的工作任务。每次调度会都会出现一些特殊问题，我随即与校内外专家进行探讨、研究，及时予以解决。

（3）"强群"问题。每个专业群的发展状况各不相同，为达到3个A的目标，必须强化各个专业群的建设。对各个专业群完成的工作逐一审核，尤其是对文字部分逐句修改。帮助每个群挖掘闪光点，开展群与群之间的互评，这既是查缺补漏，也是相互学习。同时，组织校内专家集中审核，层层把关，确保申请报告达到最佳状态。

从2021年9月21日至11月19日，我们几乎每天都工作至零点以后。功夫不负有心人，学校4个专业群中，有3个达到A等级，1个达到B等级，也成功成为辽宁省"兴辽双卓越"建设学院。

时代发展至今，职业教育肩负着培养多样化人才、传承技术技能、促进就业的重要职责，承担着努力培养数以亿计的高素质劳动者和技术技能人才的历史重任，被视为深化教育领域综合改革的战略突破口，以及转方式、调结构、惠民生的战略支点。职业教育在一次次应对变化中实现自身蜕变，以其特有的坚韧和实干，回击着轻视劳动、轻视技能的偏见，以其责任担当，源源不断地为国家经济社会发展输送合格的技术技能人才。我们正处于实现中华民族伟大复兴的新时代，这也是职业教育发展的良好契机。愿在推进中国式现代化进程中，贡献我们高等职业技术学院的力量。

张蕴启：成都航空职业技术学院发展经验漫谈（节选）

成都航空职业技术学院创建于1965年，是全国首批经教育部批准设置的职业院校，也是四川省唯一的一所由教育部批准设立的高等职业院校。自建校以来，始终遵循职业教育发展路径推动学校发展。随着国家职业教育发展形势的变化，学校紧紧围绕国家职业教育发展主线，抓住各个阶段的有利时机，推动自身发展。

从最新统计数据来看，全国共有1 545所高等职业院校，包括公办和民办院校。由于各高等职业院校评级机构的指标体系存在差异，成都航空职业技术学院总体处于全国前1%左右的位置，排名相对稳定。

在行业方面，成都航空职业技术学院具有鲜明的航空特色，其前身德胜技校的举办方为航空工业部。从行业视角看，全国具有航空背景的学校数量不多。在1 545所高等职业院校中，真正具有航空工业或民航背景的高等职业院校仅有六七所。在这类航空院校中，成都航空职业技术学院名列前茅。

一、学校教育教学改革取得较好成果

从 1965 年建校至今，学校的发展经历了几个关键时期的重要节点，取得了显著成绩并实现良好发展。其中，很大程度上得益于始终坚持产教融合的发展路径。

学校的创立本身就是产教融合的成果。当年，为弥补西南地区航空人才培养院校的不足，国家决定建校。西南地区作为国家战略后方，布局了大量国防军工企业，尤其是航空业，在西南地区的占比较大。在此背景下，由于当时缺乏为航空业培养技术技能人才的学校，因此航空部在成都设立了学校的前身德胜技校。当时对办学要求颇高，实行半工半读模式（即学生一边工作、一边学习），毕业后全部进入西南地区，特别是成都、贵州、汉中等地的航空企业。

因此，学校的创立是产教融合的产物。办学近 60 年来，学校始终坚持这一路径，将产教融合作为学校发展的重要支撑和生命线。若论及学校近年来的亮点，产教融合无疑是重要的一项。

随着学校的发展，20 世纪 80 年代初，学校更名为航空工业学校，并成为国家重点中等专业学校。彼时，学校为部属院校，一直服务于行业发展，其发展得益于当时航空工业的进步。在被确定为国家重点中等专业学校后，学校抓住了诸多机遇，开展了当时的国家示范校建设。

自 1989 年启动示范院校建设以来，由于学校的行业特色鲜明，且服务产业成效显著，在评比和申报过程中，得到了航空工业部门以及所在地四川省政府的大力支持，从而首批进入国家示范院校行列。这为学校发展提供了有力支撑，极大地促进了学校各项工作的开展。

同时，学校也抓住这一机遇，在专业建设、师资队伍建设、基础条件建设、教学和课程改革等方面，依据示范院校建设任务要求，结合自身实际、行业发展以及地方经济发展需求，加大了在专业、课程、教材、师资、实训基地等方面的投入。如今回顾这段历程，令人备感自豪。

通过数年建设，学校取得了多方面的丰硕成果。

（1）师资队伍取得长足进步。培养了一大批骨干教师，其中包括国家教学名师、享受国务院政府特殊津贴教师以及国家优秀教师等，打造了一支在省内乃至国内具有影响力的骨干教师和优秀教师团队。学校的国家教学名师数量在全国同类院校中位居前列，现有国家教学名师4人；享受国务院政府特殊津贴教师9人以及一批具备双师素质和企业实践经验的教师。由于学校因产教融合而生，因此教师的企业实践能力也是学校的一大优势。

（2）在课程建设方面成绩斐然。学校积极开展精品课建设，在相当长的一段时间里，精品课程数量在全国位居前三。通过示范院校建设，学校在课程改革方面取得了显著成效，在"十二五"和"十三五"规划教材建设方面，在高等职业院校中处于领先地位。以李学锋教授为引领的基于生产工作过程导向的课程改革团队，荣获教育部教学成果一等奖。

（3）在实训基地建设方面，学校起步较早。由于与企业联系紧密，在实训基地建设上实现了共建、共用、共享、共育，校企合作极为密切。在示范院校建设期间，学校已作为全国职业院校培训基地开展工作。当时，全国遴选了5所学校作为全国职业院校培训基地，本校是西南、西北地区唯一的一所入选学校，这与学校此前的工作基础密切相关。获得授牌后，学校的工作成效显著。截至本次叙述，已连续开展了近4年的工作，主要以培训中职校长为主，同时结合一些本地项目（如四川省中职卓越校长培训），效果良好。这体现了学校多年来职业教育办学的积淀，能够将自身的成绩和成果辐射出去，带动更多职业学校的教学骨干和管理人员，促进各方交流互鉴，推动整个职业教育健康发展。

二、关于产教融合和内涵建设的探索与实践

在学校的产教融合和内涵建设方面，我有着较为深刻的体会，该项工作一直由我直接负责。事实上，产教融合始终伴随着职业教育的发展进程，是职业教育发展的核心主题，然而，它同时也是职业教育发展中的痛点与难点。

截至本次叙述，尽管国家陆续出台了一系列旨在推动职业教育产教融合、校企合作的文件、政策与制度，这些政策完全能够为产教融合工作提供有力支撑。但就我目前所掌握的情况而言，各地在政策落实上仍存在较大差异，与国家的要求差距甚大。

从现有情况来看，国内产教融合、校企合作中"一头冷一头热"的现象虽有所缓解，但该问题仍未从根本上妥善解决。部分办学与产业联系紧密、与地方经济结合紧密，并在专业设置方面契合产业发展需求的学校，产教融合效果相对较好。反之，若学校办学及专业定位与产业、地方经济对接不紧密，产教融合效果则不佳，甚至难以推进。

学校自创立之初便是产教融合的产物，因此，始终深刻认识到产教融合对于自身发展的重要性。一直以来，都是由校长亲自负责该项工作，这也是学校发展产教融合的重要优势。校长作为学校主要领导，在对外对接工作时，部分工作协调起来更为便利，也更能引起企业的重视，有力推动校企合作的良性发展。

同时，我们学校具有鲜明的航空特色，主要涵盖航空工业、民航业运输以及服务国防等领域。自建校以来，学校始终与航空工业、民航业保持着紧密合作。早在示范院校建设时期，便已成立西南航空职教联盟。随着产教融合的不断完善、深化与丰富，又相继成立了西南航空产教联盟，后来更名为西南航空职教集团。从这一发展脉络来看，航空职教联盟、航空产教联盟、航空职教集团，是依据不同时期的发展需求以及产业和教育发

展内涵的要求，不断深化发展的。

当前，全国成立了众多职教集团与产教联盟，但许多效果不佳，流于形式，企业实质性参与度较低，但西南航空职教集团则截然不同。尽管学校在推动相关工作中发挥了主导作用，但联盟的牵头单位是龙头企业的董事长或总经理。例如，我校的航空产教联盟，便是由成都飞机工业公司的董事长担任理事长。之所以有这样的安排，是因为若由学校牵头，企业往往处于被动状态；而由龙头企业的董事长、总经理牵头，企业则会更加主动，并且发挥出较强的行业号召力，有力地推动职教集团发展。

那么，企业为何愿意投入大量精力参与此项工作，并担任理事长呢？如前所述，学校出身于航空领域，与企业同属航空工业部管理，有着紧密的合作关系，如同一家人；同时，成飞集团位于成都，对认同航空产业文化以及掌握航空产业所需技术和专业的人才需求较大，而我们在这方面与成飞集团联系最为紧密，为其输送了大量一线技术人员。据我统计，仅在成飞公司，就有2 000多名我校毕业的中专生和高职生在一线骨干岗位工作，其最大的数控分厂厂长便是我们的毕业生。这位毕业生勤奋刻苦，现已成为中航工业数字化制造的特级专家。退休后，我们又将其返聘回校，担任数字化制造学院的兼职院长，以指导和带领我们的教师提升专业能力。因此，我们连续开展了十几年的航空联盟工作，成效显著。我还考虑设立名誉理事长一职，邀请院士担任，并将院士工作站设立在我校。

在校企联合招生、开展订单式培养方面，我们也进行了诸多探索。一些位于中小城市的航空工业企业存在留人用人问题，我们借助航空职教集团的平台，牵头为这些所谓的三线企业开展订单式培养，即学校与企业联合招生。学生若愿意参加航空人才培养项目，需由企业、学校、学生三方签订协议，学生可免费接受教育。此举既解决了三线航空企业人才短缺和留人难的问题，又为困难家庭学生提供了上学机会，可谓一举三得。

通过职教集团这一平台，我们还与企业联合开展了产品研发、项目攻关和产品生产等合作。截至本次叙述，已与职教集团内的多家企业开展了应用性项目开发，当下这一模式被称为科教融汇。例如，学校位于成都的无人机基地，相关无人机公司从成立至今，80%的一线人才均来自我们学校，其中包括生产制造、外场保障等多个岗位。我们还与该公司联合成立了四川无人机产业协会，制定了地方无人机标准以及出口无人机维修手册和标准。并且联合编制了一些活页式、手册式的专业教材，效果良好。同时，该企业每年接收我们的专业教师到企业顶岗实习半年，企业的技术能手、技能大师、工匠到学校担任兼职教师，并设立大师工作室，这些工作均取得了显著成效。

我们的一项科技扶贫项目——无人机放牧，获得了教育部的表彰。以往，牧民在山区放牧牛羊时，牛羊容易走失，会造成较大经济损失（一头牛价值数万元）。在发现这一问题后，我们与当地县科技局、教育局共同商讨，开发了无人机放牧项目。由学校教师带领学生开展假期夏令营活动，借此机会为当地牧民进行演示。自实施无人机放牧后，牛羊再未丢失，效果显著，该项目作为教育部脱贫攻坚中的科技扶贫项目受到了教育部表彰。

职业教育具有跨界特性，若要切实落地，需要教师和学生深度参与。这就需要解决教师在深度参与过程中面临的难点和痛点。例如，我们大部分教师毕业于学科教育体系，对产教融合的意义可能认识不够深刻。从学校内部来看，如何营造产教融合的文化氛围，引导教师和学生的行为，成为关键问题。为此，学校多年前制定了教师发展规划，逐步推进相关工作。

对于新入职的高校毕业生，学校采取校内培训与校外培训相结合的方式开展入职培训。校内培训主要侧重于教育教学，校外培训则旨在让教师了解产业和企业。通过入职培训，一方面能够使教师尽快从大学生转变为合格教师，掌握教学技能；另一方面能够让教师通过企业培训，真正了解实践环节，明确企业对教师和学生的要求。生产培训并非一次性完成，而是每年循环开展。首次培训通常为基础性和认知性培训，后续培训则会逐步提升要求，如与企业联合开发产品、进行项目攻关等。通过这些工作，学校教师整体转型较快。此外，我校还针对不同教龄、不同职称（初级、中级、高级）的教师，制定了分层培训计划，每年安排企业培训，培训内容和要求也会逐年递增。

  我们与民航的合作在全国处于领先地位，校企联合开展人才培养，这种合作模式被广泛接受，可称为定制班、订单班或冠名班。截至本次叙述，学校与国航、川航已深度合作16年。校企联合开展的项目主要包括机务以及航空服务（空乘空保），也少量开展了地服项目的合作。起初，校企双方抱着尝试的态度，共同制定人才培养方案，共同开展人才管理，分段实施教学过程。前两年半，学生在学校学习基础课程和专业课程，后半年到航空公司位于成都的培训基地，选择不同飞机型号进行实习，这样学生毕业后能够迅速上岗。例如，负责波音或空客机型的学生，实习后可直接投入工作，效果良好。这得益于校企双方联合实施的管理淘汰制，既有选拔机制，也有淘汰机制，学生并非一经选拔就高枕无忧，若成绩不佳或违纪，同样会被淘汰。因此，该项目对学生具有较大吸引力，但也给学生带来了较大学习压力。这种机制有助于校企双方共同选拔出优质生源，严格按照联合制定的选拔、管理和淘汰办法执行，不符合要求的学生一律不予录取，即使已被录取，如果学习表现不佳，也会被淘汰。在校企合作过程中，我校通过规范的制度进行管理和把关，双方合作愉快。同时，校企双方共同成立了校企合作专家委员会，由国航高级管理人员担任委员会主任，我担任副主任。校企合作专家委员会定期召开专业建设研讨会，研究确定专业人才培养方案、教学计划以及教学内容，以适应飞机技术快速升级的需求，确保学校专业课程能够及时跟进。

  由于学校与四川航空公司的合作模式成效显著，目前已与海航、东航、南航、厦门航空、深圳航空等国内各大航空公司都建立了合作关系。这些合作模式均是在我校与国航合作模式的基础上衍生而来，各具特色，效果良好。因此，在学生就业方面，学校关注的不再是就业率问题，而是担心学生就业机会过多导致就业不稳定，影响企业用人计划的落实。我们重视诚信教育，要求学校和学生都要讲诚信。为协调解决相关问题，学校每年都会投入大量精力。一方面我们会教育学生转变就业观念，引导学生从关注自身能选择何种更好的单位，转变为思考自己能为企业做什么，能否做好工作；而另一方面，我们在学生入学起便将就业管理教育、就业思想教育贯穿于人才培养全过程。学校以"航空报国、追求卓越"为核心文化，培养学生的航空人职业精神，以及吃苦耐劳、精益求精、一丝不苟等品质。航空领域不容丝毫麻痹大意，稍有差错便可能导致严重后果。因此，学校一直严格管理学生职业精神，实行半军事化管理，成效良好。整体而言，学校学生培养质量较高，企业对学生满意度也较高。

我们每一届学生都会参加高水平的职业技能大赛，部分学生毕业后成了技术能手，部分学生毕业后能直接获得技师资格。为顺应国家航空产业广泛应用新材料的需求，我们在同类院校中率先开设了"复合材料工程技术"专业。与本科高校不同，我们更侧重于应用，而非研究，并取得了较好的成绩。在美国波音公司主办的世界复合材料技能大赛中，我们已连续5年代表中国参加总决赛，与国内一些985重点本科院校同场竞技，并连续5年获得国际竞赛总冠军。根据大赛规则，连续4年获得第一名的学校，可永久保留奖杯，并刻上学校名字，我们能将奖杯捧回，这实属不易。因此，学校复合材料专业的毕业生供不应求。

复合材料工程技术专业是学校顺应产业新技术、新材料发展需求，与企业联合开发设立的，是产教融合的成果，专业建设和发展成效显著。由此可见，在产教融合方面，我们确实取得了实实在在的成效，实现了学校、学生、企业三方共赢。

三、关于活页式教材的理解与实践

在建设领域，我们还开展了一项扎实且具特色的工作，即与企业联合开发工作手册式教材，亦称为活页教材。当下，市面上部分所谓的活页式教材，虽在形式上具备"活页"的基本特征，且增添了多媒体素材、考核功能、学习记录功能等元素，但与我们所理解的真正意义上的活页式教材仍存在一定差距。此类教材更多的只是形式上的"活"，而在实质内容，尤其是教材更新方面，其"活"性体现不足。在活页式教材建设方面，我们则有着独到的见解。

在对外交流中可以了解到，国外的技术院校及部分本科院校早已采用类似的活页式教材。所谓活页式教材与传统普通教材存在显著差异。其核心目的在于能够将最新知识、最新技术乃至前沿知识与技术，及时应用于课堂教学，使教师与学生能够及时了解并掌握这些内容。传统教材内容相对稳定，然而应用技术的发展却日新月异。学校要求教师认真备课，其中一个重要原因便是期望教师借此更新教学内容。在校企合作过程中，将前沿技术尽快融入教学，是至关重要的一环。企业对技术的发展与应用最为了解，最新技术往往诞生于企业之中。通过校企合作，教师率先掌握新的技术、工艺与方法，并及时将其融入教学过程。例如，若某一章节出现相关新内容，教师可直接将其纳入教学。但由于无法及时编入传统教材，此时活页式教材便发挥了作用，教师可通过这种方式将新内容融入教学。因此，我们所理解的活页式教材，关键在于能够及时捕捉新技术、新工艺、新方法，而非单纯追求形式上的花哨。

四、关于校园文化塑造的思考和做法

对于每一所学校而言，文化建设都具有重要性，因为文化堪称学校办学的核心与灵魂。无论是学校管理还是学生教育，最终都会归结到核心文

化层面。核心文化集中体现了学校的办学特色，并能够形成广泛共识。只有当大家认可学校文化，认为其符合学校发展定位时，这种文化才能够持久传承。因为学校具有深厚的航空背景，而航空文化具有一些重要特点，其中最基本的就是精益求精、一丝不苟以及吃苦耐劳的精神。因此，学校将其凝练于实践，归纳为"航空报国，追求卓越"八个字。

"航空报国"这一理念的提出，与我们作为航空院校的属性密切相关。我国航空工业起步相对较晚，与发达国家相比曾存在较大差距。但从无到有、从弱到强、从学习到比肩乃至如今的并行发展，我国航空工业发展迅速，成果来之不易。在此过程中，航空人艰苦奋斗的作风与传统需要代代传承。作为航空院校的师生及员工，应当了解我国航空工业的发展历史。这部发展史记载了许多可歌可泣的故事，是我国不断自强的生动写照。因此，学校倡导"航空报国"，期望每一位航空院校人都能树立这一思想。

"追求卓越"则意味着在工作中秉持高标准、严要求，做到一丝不苟、精益求精。无论未来从事航空生产、维修还是保障工作，航空人都必须树立这样的工作态度。只有如此，才能确保产品质量与水平，保障生产、管理与维修工作不出差错。学校在人才培养与教师工作的全过程中融入航空文化，使学生从踏入行业之初，便树立起这种高标准严要求的思想。这种文化不仅影响教师与学生，还渗透到学校的管理人员、后勤人员与保障人员的日常工作中，全校上下对这一核心文化形成了高度共识，并由此产生强烈的自豪感。例如，每年珠海航展展出的许多飞机，生产过程都有我们毕业生的参与，这让全校师生备感熟悉与亲切，也为自己身为航空院校一分子而自豪。

为强化师生对航空文化的理解，我们还会通过具体案例进行教育。向师生讲述若不按照航空文化要求去做，可能出现的问题与严重后果。在实训环节，学校对工具的摆放、取用登记、归还登记以及使用后的清洗等都有严格要求，期望学生从实习伊始，便按照企业生产流程规范操作。尽管要求严格,但仍有个别学生存在侥幸心理,执行不够到位。曾有一名学生在实习时领取了一卷胶带纸,另一名学生借用后未做登记。收工时,工段长检查发现少了一卷胶带纸,导致飞机三天无法起飞,造成了较大经济损失。而若胶带纸不慎落入发动机,更可能引发机毁人亡的重大事故。通过此类案例,强调航空领域不容丝毫粗心大意与侥幸心理,促使学生养成一丝不苟的工作态度。

五、关于学校二级管理模式的改革与探索

在二级管理模式改革方面,学校选择先从完善制度体系入手。部分高等职业院校在制度体系建设过程中,从管理程序、审批环节等起便制定了大量文件,极为繁杂,这种复杂性导致师生极容易被程序束缚。例如,在申报项目或经费使用时,层层审批环节令人望而却步,教师需排队签字,领导也需花费大量时间坐在办公室审批。为解决这一问题,我们在预算环节加强管理,成立了预算委员会,成员包括分管校领导以及纪检、国资、财务、审计等职能部门人员。预算委员会的职责是在前一年对第二年的常规性项目进行审核。各单位申报项目后,由分管领导把关同意,再提交至预算管理委员会讨论,形成初步意见后提交校长办公会研究,最终经党委集体决策后执行。对于临时项目或专项建设,则使用学校预留的机动经费进行安排。通过从预算源头严格把关,虽无法做到100%精准,但能有效避免大的差错。同时,学校在相关制度中,依据资金规模明确了不同金额项目的审批权限,规定了哪些项目需上校长办公会、党委常委会,哪些由校长或分管校长审批。由于预算形成过程已通过校长办公会或党委常委会讨论,在具体实施过程中,如果项目已获通过,分管领导即可审批,校长无须重复审批,只需按照年度预算执行即可。对于已明确经费用途且经学校开会通过的具体项目,副校长和分管领导无须签字,二级单位签字后,财务处即可直接报销。

而在绩效分配方面，学校采用1∶1的分配原则，即固定性绩效占50%，奖励性绩效占50%。教师在完成基本工作量的前提下，可获得固定性绩效。奖励性绩效则针对完成固定工作任务以外的超额工作量进行分配，包括超额教学工作量、科研项目、联合开发项目、指导学生实习等。在奖励性绩效的分配权上，二级单位拥有80%，学校仅保留20%的调控权，用于平衡校内各部门、各单位之间的差异。二级单位的分配方案需经教授委员会或党总支委员会讨论通过，并报学校组织人事部门备案。通过这种方式，既赋予了二级单位一定权力，又避免权力过度下放导致管理失控。

辛宪章：我在大连职业技术学院的工作回顾

　　大连职业技术学院创建于1979年，是大连市政府举办的唯一一所高等职业院校（以下简称"高职院校"）。学院的前身是大连管理干部学院，1997年成为辽宁省首批举办高职教育的试点院校，1999年经教育部批准正式转制为高职院校。2001年大连市政府将两所与共和国同龄的国家重点中等专业学校——大连工业学校、大连师范学校整体并入学院，进一步增强了学院的办学实力。

　　自1997年7月参加工作起，我先后在大连管理干部学院、大连职业技术学院工作长达25年，有幸经历了学院改革和发展的一个较长时期。以下是我在大连职业技术学院教育教学改革过程中直接参与过的几项重点工作。

一、商务日语专业教学改革试点工作感悟

　　商务日语专业是大连职业技术学院创办较早的特色专业之一。在国际贸易系冯辉、崔风岐两位主任的带领下，我参与了商务日语专业教育教学改革方案的制定与实施。该专业在2000年被确定为辽宁省高职教育教学

改革试点专业，专业建设成果曾获辽宁省高等学校优秀教学成果三等奖。

在商务日语专业建设过程中，我们紧密结合大连市地方经济发展特点和学院的实际情况，将商务日语专业教育教学改革工作作为专业建设和课程建设的核心工作，予以高度重视并扎实推进。我们从学校和专业生存的战略高度，深刻认识教学改革的必要性与重要性。同时，依据教育部和省教育厅有关文件要求，深入研究新时期高职院校专业的发展趋势和特点，有针对性地采取措施，着力解决专业生存和发展中的关键问题。

（一）商务日语专业教育教学改革的依据和基本原则

1. 突出地方特色和行业背景，形成与地方经济、社会发展相适应的专业教学体系

大连市地处中国改革开放的前沿地带，是辽宁省乃至东北地区对外开放的重要窗口。大连作为中国北方著名的港口、工业、贸易和海滨旅游城市，具有雄厚的经济与社会文化基础，拥有独特的地理优势、交通优势、人才优势和产业优势。由于大连市独特的区位优势，其与日本的双边经贸往来极为频繁，日本来连投资企业众多。截至本次叙述，日本来连投资兴办企业超过2 300家，实际到位资金突破50亿美元。一大批世界知名的日本企业，如东芝、松下、三洋、佳能、YKK（株）、万宝至马达、宝生物、小野田水泥等均在大连投资设厂。大连市与日本的双边贸易亦保持持续增长势头，双边年直接贸易额近100亿美元。因此，社会上大量需求既精通日语、熟悉对日商务惯例，又具有较强对日商务操作能力的技术应用型专门人才。商务日语专业教育教学改革充分考量上述大背景，具有深厚的行业、产业背景。

2. 以转变教育思想观念为先导，明确目标和指导思想

我们根据大连市地方经济发展特点和我院的实际情况，确定了专业教学改革的目标：经过3到5年的探索，构建起以知识应用能力和基本素质为主线的人才培养模式，建成特色鲜明的高等职业教育专业。以与行业、

企业乃至人才市场、劳动力市场的密切联系为核心，以信息化带动专业建设现代化，以国际化促进专业建设标准化，全面提高教育质量，实现人才培养模式的改革与创新，以主动适应行业、产业对本专业人才的需求，为大连市的地方经济、社会发展服务。

3. 以培养综合素质和技术应用能力为主线，基本思路清晰

商务日语专业教育教学改革的思路是：以适应行业、产业对人才的需求为教改的出发点，构建学生的知识、能力和素质结构，并以建立相应的理论教学、实践教学体系为教改的重点；以探索有效的产学结合运行机制为教改的特色；以加强教学基本建设、双师型队伍建设、教材建设、实训基地建设和质量保证监控体系为教改的保证；以改革教学方法、手段为教改的突破口。

4. 方案可行

商务日语专业以培养第一线需要的知识应用型人才为目标，还可针对职业岗位的需求，调整和完善学生培养方案。专业培养目标和毕业生的业务规格定位基本准确。制定了专业主干课程教学大纲和实训教学大纲，制定了师资队伍建设规划、教材建设规划、实践实训基地建设规划和教改经费投入、使用计划。这些教改方案基本能够保证人才培养目标的实现。

5. 保障措施有力

学院成立了商务日语专业教学改革领导小组，系内成立了教学改革工作小组，建立了由企业界人士参加的专业指导委员会，制定了相应的配套政策和规章制度，确定了经费投入、使用计划，配备了适应现时教学需要的师资队伍。

（二）商务日语专业教育教学改革的基本内容

由于大连市独特的区位优势及其特有的经济结构，自改革开放以来，商务日语人才一直是大连地区的紧缺资源。我院自1988年开办商务类日

语专业以来，毕业生深受用人单位欢迎，就业率始终保持在100%。如何顺应日新月异发展着的时代潮流，培养适应市场实际需求的商务日语人才，一直是我院商务日语专业教育教学改革关注的重点。

回顾商务日语专业的发展历程，我们在两个主要方面取得了较大的进展：一是转变教育思想和教育观念，专业定位更加科学，对人才培养模式、课程体系、教学内容和相关的教材、教学方法和教育技术等做了较大的改革与创新，教育教学质量明显提高；二是加强了教学基本建设，推动教学及教学管理改革，开展质量保证与监控工作，教学管理现代化、科学化程度不断提高。具体来说，主要表现在以下几个方面。

1. 重新确定专业定位

在科学论证的基础上重新确定了专业定位，并进一步明确了人才培养规格。根据高职教育教学改革的要求，专门针对商务日语专业成立了由来自企业生产、服务、管理一线的专家组成的专业指导委员会，并成功召开了DACUM（Developing A Curriculum）论证会，进一步明确人才培养的规格，确定本专业毕业生适应的岗位（群）；并根据不同岗位（群）的需要，确定了学生的知识、素质和能力体系。

2. 制订培养方案和教学计划

根据人才培养规格，重新制订符合市场需要的培养方案和教学计划。在充分听取专业指导委员会专家们意见的基础上，组织全系教师经过反复论证，重新修订了各专业的教学计划，并分别制订了同一专业不同生源的教学计划，重组了课程结构，更新了教学内容，努力探索以应用能力培养为主线的"模块式、阶段性、开放性"教学模式，力争体现高职教育的特色。

3. 改进教学模式

在教学环节上，改进传统教学模式，注重因材施教，采用更加灵活的教学方法和先进的教学技术，教学效果显著提高。针对目前高职生源的特点和用人单位对人才的实际需求，采用分层次教学法，实施班导师制度。

课堂教学注重提高教学方法的灵活性，积极采用现代化的教学手段，推广课件教学。如本成果主要完成人崔风岐同志在编译出版日文版《大连市情》（大连出版社，2002年6月）的基础上开发了《大连市情》课件，作为《日语翻译技巧》课程的辅助教材用于教学，取得了良好效果。此外，还利用美国通用电气大连公司无偿赠送的网上日语学习平台和数据库，为学生提供了更加新颖、丰富的学习资源。

4. 实施"订单式"人才培养模式

走校企合作办学之路，在实现教育与市场紧密结合的同时，为学生扩大了就业出口。校企之间零距离对接是高职院校培养高素质应用型人才的新模式，我们努力实现这一目标的重要途径是把企业培训方案导入教学内容，把企业实践技能考核纳入实训计划。这种产学合作引发的教学改革，涉及课程内容的重组、教材编写和教学方法及教学手段的变革。

2001年5月18日，学院与美国通用电气（大连）行政管理技术咨询有限公司签订了"关于定向培养和协作办学的备忘录"，校企合作定向招收、定向培养能够熟练使用商务日语的经贸人才。双方共同制定专业培养目标（规格）和教学计划。通用电气大连公司提出了录用人才的基本标准，对达到标准的学生优先录用；向学院提供了日文版专用实训机房（计算机）及相关实训教学软件。双方共同制定实训计划，共同负责实施，日常实训则由国际商务语言系商务日语教研室负责，美国通用电气大连公司定期派2名有较高理论水平和丰富工作经验的专家前来亲自指导学生实训，经测试合格的学生可获得寒暑假和毕业前实习期间到公司接受培训的机会，并参与公司业务的实际运作。因此，学生毕业后一上岗就能立即进入角色开展工作。

经过学校和企业的有效沟通与紧密合作，我们的校企合作取得了令双方满意的效果。为了能够培养出更多、更好的日语经贸人才，满足企业的人才需求，双方在总结过去校企合作经验的基础上，于2003年11月10

日续签"关于培养与协作办学的合作协议书"后成立了校企合作委员会，此后双方多次完善校企合作方案，进一步密切了双方的合作关系。

5.加强教学基础建设

在体现高职院校办学特色的实习实训基地开发与建设、师资队伍建设等方面取得突破性进展。按照教学工作的实际需要，开发和建设校内外各类实训基地。在师资队伍建设方面，在院领导和人事部门的大力支持下，积极鼓励原有教师通过国内外进修、在职读研等形式更新知识结构、提高业务水平，努力建设了一支具有较高教学水平和丰富实践经验的"双师型"（双师素质）师资队伍。同时积极引进优秀人才，改进现有师资队伍的专业结构，保证教师队伍的稳定性，专任教师稳定在17人左右，兼职教师在4人左右。商务日语专业目前已拥有一支年龄结构、专业结构合理的专（兼）职师资队伍，专职教师17人（其中双师型教师4人、硕士4人、博士3人、有海外留学及进修经历的8人），常年聘请日籍外教2到3名、兼职教师4名，建立了一支年龄结构、专业结构合理的专（兼）职师资队伍。

6.推动教学及教学管理改革

进一步推动教学及教学管理改革，开展质量保证与监控工作，不断提高教学管理现代化、科学化程度。通过调整和完善原有规章制度，注重和加强了工作规则、规范和有关责任制度的制定和实施，形成了科学规范的工作作风，教学管理工作的科学化、规范化、制度化水平不断提高；建立健全了教学质量保证、教学质量监控制度，实行教学工作督导制，建立了听课制度、学生信息反馈制度，坚持期中教学检查制度，确保教学计划的有效执行。

（三）商务日语专业教育教学改革的创新之处

大连职业技术学院在商务日语专业教育教学改革创新方面，主要有以下四点。

（1）转变了教育思想和教育观念，对人才培养模式、课程体系等做了较大的改革与创新。尤其是采用DACUM论证方式明确专业定位这一做法，突出体现了高职教育的特色。

（2）加强了教学基本建设，提高了教学管理现代化、科学化程度。加大经费投入，加强教学基本建设，是保证专业教学改革顺利进行，努力提高高职教学质量的前提条件。目前商务日语专业，教学条件都有了一定的基础，现有设备先进、科技含量较高、具有现代化手段的专业实验室和校外实训基地；注重培养"双师型"的骨干教师队伍和一流的专业教学改革的带头人；编写适合高职教育特点的专业教材。同时，改进传统的教学管理的方法和手段，探讨建立完善的教师考核体系。

（3）同一专业不同生源采用不同的教学计划，重组了课程结构，更新了教学内容，努力探索以应用能力培养为主线的"模块式、阶段性、开放性"教学模式。实施"订单式"人才培养模式，走校企合作办学之路，实现了教育与人才市场的紧密结合。

（4）在教学环节上，改进传统教学模式，采用分层次教学法，实施班导师制度，注重因材施教，采用更加灵活的教学方法和先进的教学技术，教学效果显著提高。开展质量保证与监控工作，不断提高教学管理现代化、科学化程度。

二、大连职业技术学院的校企合作典型经验

大连职业技术学院在校企合作工作方面起步较早且成果斐然，主要具备以下显著特点：①学院早早设立了校企合作办公室，由时任学院党委书记姜斯奇同志亲自兼任主任，这般安排在全国高职院校中实属罕见；②学院的校企合作工作起点颇高，诚如姜斯奇书记所言，要"全力以赴做好与国内外一流知名企业合作的关键事务"；③学院的校企合作成效突出，在较短时间内斩获一系列高质量成果，被媒体赞誉为高职院校校企合作的"大连模式"。

（一）对校企合作内涵的理解

1. 职业院校校企合作的起源

职业院校的校企合作培训发端于 19 世纪 80 年代的德国。这是由于中世纪的学徒培训制度在 19 世纪发生了深刻变革：一方面，出现了旨在助力学徒提升普通基础知识和职业理论水平的职业进修学校；另一方面，职业学校与企业实习车间共同承担学徒培训任务的模式开始萌芽，为校企合作教育的诞生奠定了基础。1903 年，英国的桑德兰技术学院率先提出"合作教育"的概念。1906 年，赫尔曼·施耐德将合作教育首次引入美国辛辛那提大学工程系，并与大企业携手，对 27 名学生开展职业培训，此后"校企合作教育"一词在美国应运而生。

2. 关于校企合作的层次和定位

1）浅层合作

高职院校依据当地经济发展状况以及企业需求来确定专业设置，并在企业设立实习基地，组建专业专家指导委员会，聘请行业、企业的专家、高级技师等作为指导委员会成员，与企业签订专业实习协议，逐步构建起产学合作体。例如，由学校与行业（企业）的相关领导、专家和教授组建高职院校专业指导委员会，共同审定教学计划、课程体系以及实践环节的内容和学时安排等。

2）深层合作

一方面，高职院校需依据企业的发展需求，适时调整人才培养方案，为企业培育"学以致用"的人才；同时，为企业的生产经营活动提供恰当的技术咨询与服务，以提升企业的整体效益。教师在为企业提供技术咨询和服务的过程中，能够获取有关当地经济发展状况和需求的一手资料，为教学提供实际案例，促使理论与实际有机融合。

另一方面，企业也应主动向学校投资，构建利益共享机制，积极参与学校人才培养方案的制定以及课程设置，开展订单式培养，引导高职院校培养符合自身需求的人才。企业还应主动参与校内实训基地建设，引导学校模拟企业生产现场环境开展实践教学与技术培训，并选派实践经验丰富的企业员工到学校担任兼职教师，将生产一线的新技术、新工艺融入实践教学。

在我看来，最能彰显校企合作层次、实现校企双赢的合作模式当属订单式培养。订单式培养体现了开放办学的理念（办学模式的转变），切实推动了工学结合的落地（教学观念的转变）。唯有实现这两个转变，才能真正推动教学改革。

（二）大连职业技术学院校企合作的主要形式——订单式培养

1. 订单式培养的内涵

订单式培养，是指以企业的人才需求为依据，依照企业要求"量身定制"完成人才培养工作。这种培养模式并非仅仅是一张用人需求的预订单，而是涵盖了整个人才培养的全过程。企业要参与培养目标的设定、人才培养方案的制订、课程的设置、教学内容的组织、理论与实践环节的衔接、毕业指导等，甚至参与教学活动，承担实践性较强的教学内容，实现产学的深度融合。学校确保人才培养质量，让学生学以致用；企业保证录用合格人才，做到人尽其才。

2. 大连职业技术学院订单式培养的几种模式

1)"行业专才"的订单式培养——"大商班"

2007年4月，学院提出与大商集团合作的设想，党委书记姜斯奇同志亲自与大商集团沟通协商。5月中旬，大商集团董事局主席牛刚前往学院考察，初步达成成立"大商班"的合作意向，旨在为大商集团培育专门人才。2007年12月24日"大商班"正式开班，其培养目标是为大商集团培养"卖区长"专门人才。经过大商集团的两次严格面试，50名学生入选"大商班"。同时，校企双方依据"卖区长"岗位能力要求，共同制定了为期半年的培训计划，主要内容如下。

（1）根据"卖区长"岗位能力要求确定培训内容。"大商班"的课程开发基于工作过程，企业和学院依据企业对"卖区长"岗位的职业能力要求，共同研究和设计学生应具备的专业能力、方法能力和社会能力，并开设了相关课程和培训内容。具体涵盖：学院组织实施的十余门专业零售课程，集团培训中心及零售店组织实施的实践操作课程，培训内容包括连锁零售、市场营销、商业统计、顾客服务、专业英语等29门课程。

（2）校企联动搭建教师与企业交流的新平台。"大商班"的教师由两部分人员构成：学院教师14人以及企业员工30人。企业员工主要负责企业文化、贩卖技术、客诉管理、班组管理、企业精神、品牌管理、卖场陈列、消防、防损等岗位专业技能的指导。为更好地满足教学需求，教师积极主动到企业挂职调研，并与大商集团的培训人员充分交流，提升了教师的实践指导能力。

（3）培养方式分阶段进行。第一阶段：在校内开展四周理论课教学，让学生学习基层管理人员所需的基本知识和基本技能；第二阶段：学员前往大商集团进行两周岗位实训；第三阶段：由企业员工和学院教师共同开展近一个半月的专业技能和企业文化学习，传授大商集团企业运营中相关的必备专业知识和技能；第四阶段：进行两个月的岗位实习，由学院、集团、店铺、业种、卖区共同管理和考核。通过培训—顶岗—再培训—再顶岗的工学交替模式，实现了与企业工作岗位的无缝对接。

（4）考核方式由校企共同实施。每完成一门课程教学便进行一次考试，考试题目由学院教师和企业共同拟定；所有课程结束后，开展综合测评；阶段实习结束后，每位学生须撰写一篇实习报告。大商集团董事局主席牛刚、副总裁曲鹏还分别对"大商班"学员进行了两次严格面试，最终确定31人进入大商集团。这种"校企联动"共同开发的课程，激发了学生的学习热情；考评方式由企业和学院共同对学生进行，实现了全程考评。牛刚主席对第一期"大商班"学员的素质和综合质量十分满意,评价称其"达到了预期要求,非常不错"。受益于第一期"大商班"学员的出色表现,因此,虽然第二期"大商班"学员结业时企业受到金融危机影响,仍有50名学员被大商集团录用。

2)"教学组织在企业"的订单式培养——"简柏特班"

大连简柏特公司的前身是通用电气(大连)行政管理技术咨询有限公司。2001年5月,大连职业技术学院与该公司签订"关于定向培养和协作办学的备忘录",标志着学院第一个真正意义上的校企合作项目正式诞生。"简柏特班"主要具备以下特点。

(1)教学活动在企业中开展,增加了学生的学习时间。"简柏特班"的教学安排为:从大三第一学期起,学生的理论教学利用晚上和周六、周日在企业或学院进行,学院教师前往企业为学生授课。在企业工作时间,学生全部分配到各个部门跟班实习,企业员工全程指导学生的实习活动,整个实习教学环节的考核由企业完成,确保了"简柏特班"的人才培养质量。

(2)将企业的真实工作流程引入学校。简柏特公司为使一、二年级学生尽早了解企业文化和工作流程,通过互联网将企业的真实工作流程引入学院,学生可随时在网上操作企业工作流程,吸引了更多优秀学生加入"简柏特班"。实现了校企资源共享,形成了校企互为基地的模式——校内基地生产化,校外基地教学化。

(3)聘任简柏特公司副总裁罗锡强先生为兼职教授,参与专业教研活动。将企业的智力资源直接融入学院的人才培养过程,提升了人才培养质量。企业的兼职教授在为"简柏特班"授课的同时,积极参与教师的教研活动,指导教师熟悉企业岗位业务,提升教师的实践教学指导能力,促使教师向"半职业人",进而向"职业人"转变。

(4)长时间的合作带动了一批外资企业"订单班"的组建。"简柏特班"的良好声誉吸引了一批外资企业,特别是日资企业的关注,先后组建了"通士泰班""天道班",为外资企业培养了大批外语水平高、岗位能力强的技能型人才。

3)"入学即就业"的订单式培养——"中远班"

校企合作推进人才培养模式改革。学院依据"中远班"人才培养目标和岗位能力要求,积极探索"工学结合"的人才培养模式,主要包含以下内容。

(1)校企双方紧密协作,深入了解企业人才需求和岗位能力要求,共同制定人才培养方案。该方案充分体现企业岗位能力要求,与学院机电一体化专业的人才培养方案存在显著差异。校企双方共同加强教学团队建设,安排专任教师到企业锻炼,并聘请企业专家和技艺大师担任兼职教师。

(2)合理构建课程体系。"中远班"的教学计划及其教学环节的安排与制定,充分体现"校企合作、工学结合"的理念。企业专家与骨干教师密切合作,实施系统的课程设置与课程设计;根据企业工作岗位职业能力要求,对课程的结构、内容和总体课时进行系统整合。

(3)教学方法和教学场地的转换。课程教学方法从传统教学方法向项目教学法、仿真教学法、行动导向法等转变;教学场所由传统理论课堂向实训室、生产车间转换,部分课程安排在企业中教学,由企业骨干技术人员和能工巧匠担任兼职教师,实现了"教、学、做"一体化的教学模式。

(4)岗位明确,学生学习热情高涨。由于"中远班"学生"入学即就业",未来就业岗位明确,该班级学生在校学习期间,学习风气、学习成绩以及平时纪律表现优异,为在校生树立了学习榜样;在企业顶岗实习过程中,他们工作态度端正、服从管理、岗位能力强,得到企业专家、技术人员的认可,为学校赢得了荣誉。

4)"人才储备"的订单式培养——"英特尔班"

作为国际领先的半导体生产商,学院深知英特尔公司对人才的迫切需求。英特尔公司不会等到企业投产后才着手招聘员工,必然会先期开展员工培养和人才储备工作。因此，学院第一时间与英特尔公司洽谈校企合作事宜，其间英特尔公司大连公司总经理科比等领导多次亲临学院，与学院领导就人才培养、专业建设、教学改革、师资培训、实训基地建设等方面的校企合作进行沟通、交流，达成共识。双方于2008年7月正式启动组建"英特尔班"工作。"英特尔班"主要具备以下特点。

（1）企业考核程序严谨，严格把控入口关。首次组建"英特尔班"时学院众多学生积极响应，报名者多达700多人。首先通过企业命题的英语考试选拔300余人进入面试；随后英特尔公司派出10人组成面试小组到校，对300余名学生进行每人一小时的面试选拔，最终组建了"英特尔班"。

（2）推动了新专业的开发。为提升"英特尔班"学生的岗位能力，校企双方合作开发了微电子技术专业。该专业人才培养方案的制定、课程设置、教学内容组织和师资队伍建设等，处处彰显着英特尔与学院校企合作的成果。校企合作开发了新的课程体系，确定了《微电子概论》《半导体化学试剂安全使用》《半导体器件物理》《单片机原理及应用》《半导体芯片制造工艺》等主干课程及教学内容。

（3）强化了师资队伍的培训。2008年3月至5月，英特尔公司出资组织全国高职院校骨干教师培训，学院两名教师参加了电子组装与封装培训，一名教师参加晶圆制造培训；2008年11月，学院协助英特尔公司承办了英特尔MATEC课程体系培训，学院选派8名教师参加培训，英特尔公司将MATEC课程体系免费赠予学院。通过参加英特尔公司的教师培训，学院教师在微电子技术方面的业务能力大幅提升，对英特尔公司的课程体系有了深刻理解，为今后学院基于工作过程系统化课程体系开发提供了助力。

（4）在突出岗位能力的同时，注重基础知识的培养。例如，在英语课程教学方面，学院已对所有学生开展分层次教学。但英特尔公司仍定期安排企业员工为"英特尔班"学生教授英语课，强化学生的口语能力和专业词汇，使学生的英语学习与未来工作岗位联系更为紧密。

5)"企业主导"的订单式培养——"上通班"

从2007年8月开始，学院与上海通用汽车有限公司开展订单式培养，"上通班"的学生从大三第一学期开始接受为期一年的"ASEP项目"培训。截至本次叙述，学院已举办三期"上通班"，获得社会高度评价。"上通班"主要具备以下特点。

（1）企业主导人才培养方案的制定。鉴于上海通用汽车的ASEP项目由美国通用汽车公司于1979年在北美地区创立，是一项已成功运作28年的大规模汽车维修技工教育培训活动，因此"上通班"的人才培养方案早已成型，学院只需依照"ASEP项目"的要求组织培训，即可满足企业的岗位能力要求。

（2）企业主导课程体系和教材建设。"上通班"开设的课程由企业确定，教材由企业提供（包括学生用书和维修手册）。

（3）企业主导师资培训。为"上通班"授课的教师，无论是理论授课还是实践指导，都必须经过企业培训并取得合格证书后才能上岗。

（4）企业主导考评体系。理论和实践考核均由企业命题，企业工作人员亲临考试现场，了解学生学习情况。学校负责学生平时表现考核。

（5）企业主导校内实训室建设。截至目前，上海通用汽车有限公司向学院现代汽车技术服务中心提供产品（整车、零部件）的价值累计达200多万元，为学生"学中做，做中学"提供了有力保障。

（三）订单式培养的优势

"订单式"人才培养模式秉持"以人为本"的理念，其根本出发点是以就业为导向，高举校企合作旗帜，走工学结合道路。借助订单式培养这一载体，全面推动教学改革，转变教学观念，为社会培育急需的高技能型人才。此模式有力地调动了高校、企业、学生三方的积极性，达成了三方共赢的局面。

1. 订单式培养对教学改革具有显著的促进作用

我国高职教育改革在一定程度上滞后于市场对人才的需求。一方面，教学观念未能与时俱进，教材陈旧，教学方法落后，理论培养与技能训练衔接不畅；另一方面，高职教育本身具有周期较长的特性，人才培养往往难以迅速契合瞬息万变的社会需求。而订单式培养有效地化解了这一矛盾，它促使各专业重新审视并调整人才培养方案、课程开发、课程标准、课程设计、教学组织以及考核评价等方面，推动教学改革不断深入。引导专业建设紧密跟随经济与产业结构的调整方向。

2. 订单式培养有助于转变教师观念，提升执教能力

从我院订单式培养的各类模式可以看出，企业若期望学生达成能力培养目标，首先需对相关专业教师展开相应培训。教师借此契机深入企业挂职锻炼，参与企业产品研发、技术改造，从而实现学校教学与企业技术要求的"无缝对接"。这一过程间接解决了学校选派教师下企业困难的问题，改变了部分教师"两耳不闻窗外事，一心只教一本书"的传统做法，促使教师教学观念发生转变，执教能力得以提升。

3. 订单式培养能够提高学生的学习主动性和就业竞争能力

部分高职院校学生在学习过程中存在学习目标不明确、缺乏学习动力的问题，实践能力尤为薄弱。订单式培养使得企业能够依据自身需求培养学生，让订单班学生明确学习目标，学习主动性大幅提高。此外，"订单式"人才培养模式让学生提前接触社会，深入了解企业人才需求状况。在实践过程中，学生能够培养良好的职业素质和职业能力，进而提升就业竞争力。

4. 订单式培养有利于企业将岗前培训前置，节约开支、提高效率

对于企业而言，时间就是金钱，效率关乎生存。多数企业在招聘时倾向于录用具有一定工作经验、能够直接上岗的人员，然而当前高校许多毕业生难以满足企业这一要求。通过"订单式"培养，企业能够定制符合自

身需求的人才，缩短培训周期，实现岗前培训的前置，既节省了培训开支，又提高了运营效率。

（四）订单式培养的基础条件

1. 以能力培养为核心目标，构建全新的人才培养方案体系

学院需依据相关专业的"订单式"培养要求，结合对毕业生的调查情况以及就业市场的信息反馈，构建契合企业需求的人才培养方案体系。根据行业特性和岗位需求，明确专业人才培养方案设计与课程开发思路，规划、设计教学模式，合理组织教学活动。这是订单式培养的基础条件之一。

2. 强化实践教学环节，规范实践教学标准和评价体系

高职教育离不开实践教学环节，订单式培养最终也须落实到实践层面。实施订单式培养的一个重要目的在于借助订单企业解决实践教学问题。优质的实训教学资源是培养学生核心技能的关键条件。实践教学环节应遵循严格、规范的标准，并且要有长远规划，不能为了实践而实践，更要防止学生沦为某些企业廉价、短期的劳动力。因此，每个实践教学环节都应依据培养目标的设计有计划地实施与评价。

3. 切实加强实训基地建设，培养学生的实践能力

学生具备一定的实操能力，能够为企业创造价值，这是企业愿意接纳订单培养的重要前提。因此，校内外实训基地是实施订单培养模式不可或缺的重要支撑。校内教学实训室的建设应参照企业实际进行设计与布置，配备符合培养目标的设备，并按照企业管理模式运行，使学生在实训过程中能够真切体验企业工作环境，培养企业意识。校外实训基地是校企合作的重要依托，必须通过多种途径与企业建立合作关系，构建全方位的校外实训基地。学生不仅要能够熟练操作订单企业的设备，还应对其他不同品牌的设备有所了解。校外实训基地主要有两种基本形式：一是最为常见的一种形式，直接将企业作为实训和工作场所；二是由企业提供设备，在校

内按照企业要求建立实训场所。

4. 打造一支高素质的双师型教师队伍

在教学硬件条件得以满足后，还需要一支高水平的教师队伍。这支队伍不仅要精通理论知识，还应具备较强的实践能力，能够切实指导学生动手操作。教师必须先掌握学生需要学习的知识和技能，如此才能真正向学生传授知识与技能，确保订单式培养目标的达成。"双师型"师资队伍建设最为有效的途径是采取"送出去，请进来"的方式。一方面，将学院教学经验丰富的教师送往用人单位生产一线进行培训，参与生产管理和产品研发，掌握技术要点和注意事项，以便在教学过程中能够有的放矢，突出重点；另一方面，聘请企业内部懂理论、精实践的技术人员到学院担任兼职教师，实现优势互补，共同完成"订单式"人才培养的教学工作。

5. 建立良性的反馈机制

应重视对订单班毕业生的就业跟踪调查，通过多种方式了解毕业生就业后的工作状况以及协议执行情况；及时与用人单位沟通，听取他们的宝贵意见，总结订单式培养中被认可的成功经验，发现存在的问题，尤其是毕业生就业后在专业技能和职业道德方面存在的不足。及时调整在校生的培养方案，进一步改进和完善订单式培养模式，从而形成毕业生就业反馈机制，推动校企合作实现良性循环发展。

（五）订单式培养应注意的几个关系

张尧学教授在担任教育部高等教育司司长时曾提出高职教育应坚持"1—2—2—1"的办学思路，即"一个平台、两个系统、两个证书、一个回炉"。"一个平台"，是指一个开放的、能够汇集和使用各种资源的管理平台；"两个系统"中，一个系统是用于培养学生实践动手能力的系统，另一个系统是培养学生可持续发展能力的基础知识培养系统；"两个证书"分别是学历证书和职业资格证书，前者反映学生对基础理论知识的掌握程度，后者反映实践技能的熟练程度；"一个回炉"是指要把学院建设成一个终身学习且为社会服务的基地。

基于上述观点，我们认为在实施"订单式"培养过程中应妥善处理以下三个关系。

（1）正确处理岗位能力与全面发展的关系。一方面，订单班的人才培养方案（教学计划）、课程设置必须以职业岗位培养目标为导向，紧密贴合订单企业岗位对人才规格的要求，满足订单企业岗位对知识和能力的需求。另一方面，在以人为本的高职教育理念指引下，学院和企业还应着眼于学生的全面、协调、可持续发展。因此，订单式培养要确保学生所学知识和能力具备一定的前瞻性，在满足企业岗位能力要求的同时，使学生具备继续学习的基本能力。

（2）正确处理针对性与适应性的关系。订单式培养直接面向具体企业的职业岗位能力目标与要求，其人才培养方案的制定、课程设置和教学内容组织是在深入分析具体企业职业岗位所需职业能力的基础上，明确能力目标与要求，并以此为依据开展人才培养。学生所学课程内容具有很强的针对性和实用性。我们知道，订单式培养的学生在一定程度上可视为某个企业的"准员工"，然而，随着大量新工作岗位不断涌现，毕业生中会出现一定比例的换岗（跳槽）现象。因此，订单式培养在强化学生专业能力培养的同时，还必须加强学生方法能力和社会能力的培养，提升学生的适应能力，这是学生今后生存和发展的基础。

（3）正确处理理论教学与实践教学的关系。订单式培养在课程建设上应坚持实践教学与理论教学并重的原则，防止企业片面强调技能训练而忽视理论知识的培养。通过逐步调整课程结构和教学内容，使实践教学课时与理论教学课时的比例趋于合理，构建具有高职院校特色的理实一体化教学体系。

（六）实施订单式培养的几点感想

在实施"订单式"培养过程中，我们收获了以下几点感想。

（1）学院领导的高度重视和积极参与是订单式培养得以实现的前提。无论是已经开展的"上通班""大商班"，还是正在洽谈的与固特异轮胎、罗克韦尔自动化的合作项目，都充分体现了学院党政一把手的高度重视和积极参与。若没有学院领导的主动作为和正确决策，一些合作企业可能会与学院失之交臂，订单式培养也就难以实现。

（2）学院综合实力的提升是订单式培养得以实现的基础。学院综合办学实力的增强为校企合作奠定了坚实基础。师资队伍建设的加强、实训条件的改善、结合地区经济发展开发的新专业、适时调整的人才培养方案以及持续推进的课程开发和课程改革，都为订单式培养的实施奠定了稳固基础。

（3）学院、学生和企业三方共赢是订单式培养得以发展的动力。校企合作应在平等、双赢的基础上展开，这一理念已成为各方共识。我们知道，企业之间订单的标的物通常是商品，此时商品在企业订单中处于从属地位，只要企业利益得到满足即可促成交易；而在订单式培养中，学生应是主体之一，如果校企双方忽视学生利益，订单式培养就可能失败，最终导致校企合作失去发展动力。

（4）规范的管理制度是订单式培养得以发展的有力保障。订单式培养应从协议签署、培养方案制定、课程开发、课程标准、课程设计、教学组织、过程控制及评价等多个方面进行规范管理，减少甚至杜绝随意性，从而确保订单式培养健康发展。

三、大连职业技术学院特色发展规划的制定

2009年1月，我离开学院教务处副处长岗位，开始担任学院办公室主任一职。在时任学院党委书记姜斯奇、院长戴克敏的直接部署下，我参与

的第一项重要工作便是编制《大连职业技术学院特色发展战略规划（2009—2020）》。回顾这项工作的完成过程，我当时主要有以下几点思考。

（一）学院加强特色建设的现实基础

彼时，大连职业技术学院开展高等职业技术教育已历经10年。10年间，学院始终保持快速、协调、健康的发展态势，服务地方经济建设和社会发展的能力持续增强，综合办学实力和社会影响力显著提升。

（1）作为国家示范性高等职业院校建设单位，学院已跻身于国内同类院校前列。学院始终坚守精准的发展定位与科学的办学理念，综合办学能力、社会服务能力以及实用型人才培养质量不断提高。2007年，学院被教育部、财政部确定为国家示范性高等职业院校建设计划立项建设单位，并先后荣获全国职业教育先进单位、全省职业教育先进单位、辽宁省文明单位、大连市先进单位等称号，学院党委被评为辽宁省高校系统先进党委。学院亦是辽宁省高职高专院校人才培养工作水平评估优秀学校。

（2）专业布局趋于合理，办学规模持续扩大。学院依据大连市"以高新技术产业为先导、以先进制造业和现代服务业为支撑"的产业布局，以及建设"一个中心、四个基地"的产业发展战略，适时调整专业结构，促使学院专业布局与大连市产业布局迅速对接，形成了一批地方特色鲜明、与产业对接灵活的专业及专业群。当前，学院设有10个系、52个专业，其中中央财政重点支持建设专业群5个、地方财政支持建设专业群2个、国家级教学改革试点专业1个、辽宁省高职院校品牌专业9个、大连市示范专业2个。全日制在校生规模已从3 000人发展至如今的11 000人。教师队伍建设根基较为坚实，现有教职工806人，其中省级教学名师1名，省级专业带头人3名，省级优秀教学团队5个。

（3）突出"校企合作，工学结合"的办学理念，为区域经济社会发展服务能力不断增强。学院坚持走"校企合作，工学结合"之路，持续推进改革与创新，现已与中远船务、上海通用汽车、大商集团、大连机床集团、简柏特、通世泰等国内外一流知名企业以及各类行业管理机构开展了多方位、多层次的深度合作。学院与行业、企业协同制定人才培养方案，共同开展基于工作过程的教学模式开发、专业教学标准建设、课程体系建设以及学生实践技能培养。校企携手实施以课程开发为核心的教育教学改革，目前已建成国家级、省级精品课程13门。

（4）校园教学基础设施建设得到加强，办学条件明显改善。学院基于高技能专门人才的办学定位以及市场就业需求，大力强化实习实训条件建设。先后投资6 000多万元，建成60 000多平方米的校内实训基地，涵盖现代装备制造技术、现代电子技术、现代汽车技术和现代服务业等4个实训中心，共计120个实训室（区），在全国同类院校中处于相对领先地位。其中，现代装备制造技术实训中心被教育部、财政部确定为国家级"职业教育数控技术实训基地"。

（5）大连市委、市政府高度重视高等职业技术教育，为其发展奠定了坚实基础。作为大连市政府举办的唯一一所高职院校，市政府将学院发展纳入全市经济社会事业发展规划，在学院转制10年来,给予了资金、政策、土地资源等多方面的大力扶持。2007年学院被确定为国家示范性高等职业院校建设单位后，在中央财政支持2 100万元的基础上，大连市政府按照1∶3的比例提供配套资金，配套资金总额达6 300万元。

（6）大连市经济社会发展的良好态势为学院提供了广阔的发展空间。2007年，大连在东北地区率先跻身中国城市生产总值"3 000亿俱乐部"。在2008年世界经济形势复杂多变的情况下，大连市依然实现地区生产总值3 858亿元，增长16.5%。大连现已迈入率先全面振兴的新阶段，国际航运中心建设取得重大突破，新型产业基地形成集聚效应，对外开放跃上新台阶，城市综合服务功能显著提升。这为学院的特色发展提供了难得的历史机遇，为学院提高毕业生就业率和就业质量拓展了广阔空间，近年来毕业生就业率始终保持在90%以上，部分专业毕业生就业率更是高达100%。

在已取得的成绩面前，我们亦应清醒地认识到，以科学发展观审视，学院在特色发展进程中仍存在一定问题与困难，主要体现在以下四个方面。

（1）尽管学院始终秉持"校企合作，工学结合"的办学理念，但在与企业合作的深度与广度，以及和企业共同研制基于工作过程的教学模式等方面，与现代高等职业技术教育的要求以及经济社会发展的需求仍存在较大差距。

（2）经济的快速发展致使社会对技能与技术的要求日益提高，与之相比，教师队伍整体素质有待进一步提升，"双师型"教学团队建设和专业带头人培养工作亟待加强。

（3）契合经济发展要求与用人单位需求的人才培养模式改革仍需持续深化，办学特色有待进一步凸显。

（4）办学环境有待进一步优化，当前两个校区办学的格局限制了全院范围内教育教学资源的共享以及专业间的融合与互动，校园整合迫在眉睫。

学院在多年的改革与发展实践中，已奠定了良好基础。办学定位愈发明确，办学指导思想愈发清晰，办学实力显著增强，社会声誉大幅提高，为学院在后续阶段突出特色建设筑牢了根基。对于发展过程中暴露的问题，更要求我们加速特色建设，并在建设进程中予以解决。

（二）2009—2020年学院特色发展战略的主要目标

当时，学院的发展思路十分明晰，即主动顺应区域经济社会发展的新需求，高举校企合作旗帜，坚定走工学结合道路。通过与国内外一流知名企业深度合作，推动学院办学思想、办学模式实现根本性转变，构建基于工作过程的教学模式，带动人才培养模式的改革与创新，形成契合现代高等职业技术教育要求的人才培养方案，进一步提升学院综合办学能力、可持续发展能力和社会服务能力，为区域经济社会发展提供有力支撑，推动中国特色高等职业教育又好又快发展。

1. 突出办学理念特色

学院将"高举校企合作旗，坚定工学结合路"，进一步建立健全校企合作的长效机制，创建结构合理、机制灵活、深度融合、自主发展的集团化高职教育发展模式，促使企业深度参与学院教学过程。依据企业实际工作需求，逐步完成课程体系建设与课程开发。每个专业至少与1个知名企业紧密绑定并实现深度融合，每个系至少与2个知名企业绑定并实现深度融合、学院至少与5到10个国内外一流知名企业绑定并实现校企深度融合，到2020年力争使学院特色办学评价达到全国前三名，基于工作过程的课程体系覆盖面达到100%，学院总体办学规模达到15 000人。

2. 突出专业建设特色

以专业建设为重点，打造一批特色鲜明、结构合理的专业群，重点建设品牌专业，培育优秀专业带头人。构建与大连市国际化城市产业结构相适配、以装备制造业、电子信息业和现代服务业专业为主体的专业布局。到2020年，力争建成5个国家级高职院校品牌专业、30个省级高职院校品牌专业，培育30个省级专业教学团队、30名省级专业带头人。

3. 突出人才培养特色

聚焦实用型、技能型人才培养，推行双证书教育，全力使毕业生具备良好的思想道德和职业道德、现代择业意识和创业意识，以及较强的职业发展能力和职业转换能力，增强办学的市场针对性，确保就业率达到95%以上，对口就业率达到70%以上。

4. 突出服务社会特色

凭借学院先进的办学理念和显著的办学成效，服务地方经济社会发展，为社会培育高素质实用型人才，为企业提供优质的技术创新、技术咨询和技术开发服务。

5. 突出素质培养特色

依托专业背景，高度重视学生综合素质培养，将素质培养纳入人才培养方案。通过开设素质教育课程、开展素质拓展训练、强化素质能力培养、夯实语言基础，以及组织丰富多彩的校园文化活动等途径，全方位提升学生素质，增强学生就业的市场竞争力。

6. 加强办学基础条件建设

学院计划在"十一五"规划期内实现校园整体搬迁，使校园占地面积从目前的500亩增至1500亩，建筑面积由目前的23万平方米扩展至30万平方米，建成设施先进、规划合理的现代化大学校园，使学院办学基础条件达到国内一流水平。

（三）2009—2020年学院特色发展战略的主要措施

1. 实施教学资源系统优化工程

学院根据市场需求与自身办学条件，整合各类教学资源，加强与国内外一流知名企业的深度合作，构建基于工作过程的教学模式，带动人才培养模式的改革与创新，形成符合现代高等职业技术教育要求的人才培养方案；建立教师到企业对口实践、学生到企业对口实习实训的工作机制，提升技能型、实用型人才培养能力与水平。

2. 实施专业建设工程

建立高技能专门人才需求预测制度，将专业设置、专业建设与人才需求紧密结合，提高人才培养培训的针对性与有效性。具体措施如下。

（1）持续推动高等职业教育办学思想的转变。坚持"面向社会、面向市场"的职业教育办学方向，凸显职业教育特色，全面落实培养生产、建设、服务一线高技能人才的办学定位，明确专业定位，突出专业就业特色，逐步实现以技能型岗位为主体的就业定位。

（2）不断深化教育教学改革。依据岗位需求调整和改革课程结构、课程内容，开发以职业技能为核心的课程体系，将技能型人才培养目标落实到专业教学的各个环节，促进办学定位与课程内容的紧密融合。强化实践教学，安排学生不少于半年时间到用人单位顶岗实习，探索校企轮替的实践教学方式，全面推行项目教学法、现场教学法和模拟教学法，建立以学生实习作品为主要指标的专业课程评价方法。

（3）持续推进重点项目建设，构建以专业为核心的学院教育骨干体系。建设20个省级以上重点实习实训基地，实现高职院校学生实习实训资源共享，打造大连市、辽宁省专业教师专业技能教学水平培训中心；培育30名省级专业带头人，形成一支教学、科研和教师培训骨干队伍；建设30个省级以上品牌专业，打造一批就业岗位明确、培养模式先进、就业优势显著、就业质量较高的特色专业和品牌专业；建设12门国家级精品课程，建设50门省级精品课程，逐步构建以职业岗位能力为核心的教学体系。

3.实施教学改革工程

突出实用性技能培养，积极推进"双证书"制度。

（1）探索以"模块式"为核心的弹性教学制度，各模块内容既可以学年制形式完成，也可分阶段完成，通过学分积累获取学历证书，实现职业培训与学历教育互通。积极探索半工半读、工学交替的教学制度，大力开展半工半读试点，将实际工作岗位作为学校教学的有效延伸。推进"双证书"制度，努力提高毕业生职业资格证书获证率，拓展职业技能鉴定种类。

（2）推进人才培养水平和专业建设水平评价制度改革，完善学院人才培养工作水平和专业建设水平自我评价体系，以学生的职业道德素质、专业技能水平、就业率和就业质量为核心指标评价学院人才培养工作水平，以人才培养模式改革、专业建设、教师队伍、办学条件、教学方法和管理为主要指标评价专业建设水平。

（3）以"名师工程"为引领，完善学院教师培养培训工作机制。按照"学历证书＋专业技能教学水平合格证书＋教师资格证书"的要求，建立学院专业教师准入制度；建立在职教师培训制度，专业教师每两年必须有两个月到生产服务一线实践，在职专业教师将全部完成专业技能教学水平合格培训。

4. 实施社会服务工程

充分发挥学院的公益职能，彰显国家级示范校的带动作用，使学院深深扎根于区域经济社会发展的土壤。凭借学院先进的办学理念和显著的办学成效，服务地方经济社会发展，为社会培育高素质实用型人才。利用校内实训基地的场地、设备条件和技术资源，开展中职师资培训、企业职业培训、再就业普惠制培训、农民工就业能力培训，为企业提供优质的技术创新、技术咨询和技术开发服务，广泛开展对口支援，积极开展职业技能鉴定和社会培训工作，进而提升社会服务能力，扩大社会影响力。

5. 实施学生素质培养工程

建立健全科学的学生素质培养方案，构建素质教学体系、职业技能技术训练体系、素质能力培养体系、校园文化活动体系。让素质教育融入课堂，凸显基础课程在学生综合素质提升方面的作用，促使师生充分关注职业技能技术，使能力培养贯穿于学院教学与日常活动的每一个环节，让校园文化真正成为学生素质培训与提高的载体。实施教师素质提升计划，提高教师文化素养，营造健康、向上的校园文化环境。

6. 实施管理体制改革工程

加强学院内部管理，深化改革与创新，积极探索吸纳民间资本和境外资金开展合作办学的途径，提升学院社会服务辐射能力，探索在非中心城区建立以公有制为主导、产权明晰、多种所有制并存的办学模式；深化学院二级管理体制改革，建立学院人才培养水平和专业建设水平分级评价制度，完善人才培养水平和专业建设水平评价体系。

7. 实施国际交流合作工程

拓宽办学视野，借鉴国际先进的办学理念和教育教学经验，开拓国外教育市场，寻求国际交流与合作，引进国外优质教育资源，推动学院尽快与国际高职教育接轨。积极推进实质性的合作办学，努力开拓毕业生国（境）外的就业市场。

8. 实施校园基础设施建设工程

当时，学院拥有夏家河子和南关岭两个校区，学院期望实现校园整体搬迁，改变当前两校区办学的状况，以利于实现教育资源的整合与共享，将新校区建设成为设施先进、布局合理、实现信息化管理的现代化大学校园。然而，学院提出的整合校区计划未能实现。2017年，因大连市职业教育布局调整需要，将大连电子学院、大连市建设学校、大连海洋学校调整为大连职业技术学院附属学校，相应校区划归大连职业技术学院统一管理。

四、辽宁省教育科学规划重点研究基地建设

大连职业技术学院"职业教育办学体制改革研究基地"在2013年10月成功获批为辽宁省教育科学规划第六批重点研究基地之一，我有幸担任该基地的负责人。依据既定的建设规划与明确的发展目标，基地精准确定了以职业教育办学体制改革、职业教育集团制度创新以及现代职业教育体系构建作为重点研究方向。针对当下职业教育的办学现状，深入探寻职业教育办学体制改革的方向与切实可行的路径，全力推动职业教育办学体制的改革与创新进程。

自从基地获批后，我们紧密围绕辽宁省职业院校办学体制改革的现实状况以及实际需求，主要运用调查研究和实证研究等方法，积极开展具有浓郁辽宁特色的职业院校办学体制改革理论研究与实践探索工作。通过系统的研究与实践，构建起我省职业院校办学体制改革实施的理论与实践体系，立志将基地打造成为在国内具有一定影响力的职业教育办学体制改革研究基地。

（一）建设工作情况

基地作为我校开展职业教育办学体制改革研究的关键平台，始终将开展基础理论研究作为先导任务，把为相关部门提供针对性强、质量高的决策咨询成果当作基地建设的出发点与最终落脚点，有条不紊且卓有成效地推进各项基地建设工作。

1. 重点研究方向的凝练与提升

基地成立伊始，首要任务便是对自身建设进行精准定位，明晰规划发展路径，进一步聚焦重点研究方向。整合各方研究力量，积极开展基础理论研究与应用研究工作，通过理论与实践的相互促进、良性互动，逐步形成自身的研究特色。

在2013年12月，基地迅速启动了第一批立项课题申报工作，力求产出大量优质成果，为职业教育事业的蓬勃发展贡献力量。我亲自牵头组建了职业教育办学体制改革基础理论研究团队，该团队以职业教育办学体制改革理论研究为基石，广泛收集资料，密切跟踪研究动态，深入开展理论归纳与分析工作。最终，成功组织申报辽宁省教育科学规划重点研究基地标志性成果并获得立项。与此同时，韩学军教授积极借鉴德国"双元制"人才培养模式，大胆探索校企双主体办学体制改革。与基地共建单位——格劳博机床（大连）有限公司携手，联合开展"双元制"模式在辽宁的适应性研究与实践工作。截至本次叙述，已成功组建2期"格劳博班"，全面深入地推进教育改革实践，并积极进行推广与应用。此外，宋华清教授带领团队开展高职教育发展新常态下院校治理能力提升策略研究，韩咏梅副教授带领团队开展辽宁省中高职教育衔接路径研究，均已取得了极为重要的阶段性成果。

2. 系统开展调查研究

在2014年7月至10月期间，我亲自带领团队针对大连市职业教育发展状况展开了全面深入的调查研究工作，并顺利完成《经济转型背景下的大连市职业教育发展对策研究》。通过此次调研，我们深入了解了大连市职业院校对于办学体制改革的现实需求，对大连市职业院校办学体制改革、技术技能型人才培养质量、职业能力建设过程中的难点与重点等问题进行了全面、系统的调研与深度分析。

3. 完善基地队伍结构，加强研究团队建设

其一，我们着力提升现有科研人员的科研能力，积极引进高素质科研人才，全力打造一支素质优良、结构合理、精干高效、专兼职相结合的研究队伍。并且定期举办学术沙龙活动，为研究人员提供交流研究心得与体会的平台。其二，进一步提升科研人员的学历层次与研究水平，优化队伍的年龄结构、职称结构、学历结构以及学缘结构，高度注重培养团队合作意识。其三，充分整合大连市职业技术教育研究资源，在不降低基地建设标准的前提下，广泛吸收大连市其他职业院校和研究机构的优秀研究人员共同参与研究工作，创新性地实行了"一地多点"的运作模式。

4. 争取重大项目突破，加强项目管理科学化

进一步凝聚研究方向，以基地建设为重要契机，以专题研究作为突破口，积极申报国家、辽宁省教育科学研究课题，以此提升整体研究实力与学术影响力。对于已立项的项目，严格进行中期检查、督促与指导工作，在确保项目能够按期结题的基础上，不断提高研究成果的质量。

5. 充实和完善基地信息资料平台

精心建设一个规模适度、专项内容丰富的资料室，逐步形成内容完整的职业教育办学体制改革文献储备，能够为科研项目的研究与持续推进提供充足的资料支持。适时搭建信息化网站，为学校及省内各高校搭建便捷的信息交流平台。为方便研究工作的开展，增设智能教学及监控信息采集设备，配备可用于网上检索的计算机以及打印、扫描等设备。

6. 坚持和完善学术汇报制度

学术汇报制度是促进专业提升的重要平台，通过这一平台能够充分调

动研究人员的积极性。经过广泛、深入的探讨交流，产出高质量的学术成果，营造出和谐、活跃、包容的学术环境。专职研究人员每学年都会围绕自己的研究方向撰写学术报告。在2014年6月全国职业教育工作会议闭幕之后，基地立即与大连市中华职业教育社等机构合作，共同开展职业教育发展战略研讨会。我和韩学军教授在研讨会上所做的重点发言，赢得了与会者的一致好评。

7. 加强学术合作与交流

自基地成立以来，多次组织召开专题研讨会、专家论证会议，积极交流研究成果与成功经验，有效提升学术影响力，充分发挥示范效应。大力鼓励国际交流及合作办学项目，努力建设国际教育平台，通过多渠道的国际交流与合作，积极引进并整合国际先进的监控理念和方法。特别值得一提的是，基地作为协办单位，在2014年8月21日至23日成功组织了"2014中美职业教育（金石滩）论坛"。来自中美职业教育界的15名专家学者围绕"现代职业教育与新型城镇化"这一主题展开了深入研讨。来自美国加州橘海岸学院、圣地亚哥密尔马学院、贝茨技术学院等机构的专家，从不同层面和角度详细介绍了美国社区学院的情况；来自中国国家教育发展研究中心、国家行政学院等机构的专家，则对现代职业教育法律制度、产教深度融合、提升人才培养质量等问题进行了深入探讨。在论坛期间，还成功举办了中美职业教育合作交流洽谈会，100余所高职院校负责人与前来参加论坛的美国社区学院达成了多项合作意向。

（二）基地建设绩效情况

基地成立之后，在内部建设、科研条件、团队建设等诸多方面均取得了显著的改善。科研成果的质量也得到了明显提高，部分成果更是被有关部门采纳和应用，在一定程度上有力地提升了基地的社会影响力和辐射力。

1. 主持省级及以上重大项目情况

在基地成立的当年，基地成员积极主持申报省级及以上科研项目，并取得了优异成绩，共计获得立项17项。其中包括辽宁省教育科学规划重点研究基地标志性成果1项、辽宁省教育科学规划项目7项、辽宁省教育科学"十二五"规划课题4项、辽宁省教育厅科学研究一般项目3项、其他省级课题2项。

2. 高水平成果发表情况

仅在2014年这一年，基地成员便出版学术著作3部、主编教材2部。

阚丽研究员的专著《中等职业教育与高等职业教育协调发展研究》，针对目前我国中高职院校协调发展的理论与实践，进行了全面、深入的梳理与系统研究。书中所提出的诸多事实与观点具有创新性，所阐述的促进中高职院校协调发展的路径与对策，对于我国现代职业教育体系建设的制度设计具有极高的参考价值。该书从我国构建现代职业教育体系的实际需求出发，针对中等与高等职业教育协调发展过程中亟待解决的现实问题，运用比较研究、案例研究等方法，深入探索职教体系建设中最基本的建构与机理问题。系统研究国外中高职院校协调发展的政策、制度与做法，提出促进我国中高职院校协调发展的路径与对策，并明确指出促进中高职院校协调发展需要在政策与制度保障体系建设方面给予有力配合。在此基础上，进一步提出在终身教育的理念下推进职业教育工作，积极引进优质资源、加大职业教育投入，推动和落实政府主导、行业指导、企业参与的办学新体制，以立法方式推行职业资格证书制度和劳动就业准入制度等具有建设性的建议。

徐佳副教授的专著《我国高职教育集团化办学的思路与对策》，对职教集团研究的理论进行了系统阐述。通过对国内外职业教育集团化办学模式的系统分析，为我国下一步建立职教体系提供了宝贵的借鉴。以职教集团办学要素为逻辑起点，深入探讨我国职教集团的管理体制及运行机制，并成功建立了职教集团的绩效评价体系。

3. 获得省级及以上科研成果奖励情况

在2014年，基地成员荣获辽宁省教学成果奖一等奖1项、二等奖1项。其中，张岩松教授获奖的《首创老年服务与管理专业建设与发展的15年探索与实践》，紧密围绕我国人口老龄化背景下老年服务与管理人才培养这一重要课题展开研究。重点结合我院首创的老年服务与管理专业15年来教育教学改革的实践与探索，深入梳理和分析我国老年服务与管理人才队伍建设过程中存在的问题与应对策略，提出了一系列切实可行的措施，并提供了生动鲜活的人才培养实践个案和专业教学标准。这一成果为各级民政部门、各类培训机构、各类院校以及广大社会老年福利机构提供了极大的帮助与启迪，对推进我国老年服务与管理专业人才的培养，积极应对人口老龄化的挑战，完善我国的老龄工作发挥了重要作用。

4. 服务教育决策情况

在2014年8月，我撰写的《关于推动职业教育发展的有关建议》被中共中央统战部《零讯》采用。2014年7月—10月，我牵头开展大连市职业教育发展状况调查，并圆满完成《经济转型背景下的大连市职业教育发展对策研究》，该报告得到时任中共大连市委常委、统战部部长董长海同志的批示。2015年5月，我撰写的《关于制定〈大连市职业教育校企合作促进条例〉的建议》得到时任中共辽宁省委常委、大连市委书记唐军同志的批示。

（三）基地建设经验和体会

基地在初创阶段所取得的这些成果，为今后的建设与持续发展奠定了坚实的基础，极大地增强了我们开创科学发展新局面的信心。与此同时，我们也清醒地认识到基地建设是一项全新的工作，没有现成的经验可供借鉴。随着基地建设工作的不断深入推进，我们对基地建设重要性的认识进一步加深，建设好基地的信心也进一步增强。在推进基地发展的工作实践过程中，我们深刻体会到科学的管理框架、先进的建设理念以及正确的发展战略至关重要。具体总结起来，主要有以下几条经验和体会。

1. 建立开放平台，整合相关资源

基地始终秉持建设开放平台的理念，不断完善组织结构，专门建立了基地联系人制度，为整合全校资源创造了极为便利的条件。在充分整合校内资源的基础上，基地还积极吸收大连市乃至全国的职教研究力量。这主要体现在两个关键方面：①在遴选基地特邀专家时，广泛吸纳来自政府管理部门、企业界和知名高职院校及研究机构等不同领域的专业人士。他们在跟踪职教发展前沿动态、促进基地建设与发展、组织开展学术交流活动等方面发挥了重大作用。②在研究项目实施过程中，注重吸收企业、行业人员参与其中，充分发挥他们在实践经验方面的优势。

2. 采取多项措施，提升科研层次，实现重大课题立项和标志性成果的实质性突破

为有效提升科研项目的层次，基地采取了一系列行之有效的措施，并持之以恒地努力。基地主要以研究队伍建设作为核心工作，通过加强学术梯队建设、整合校内外研究资源、开展"科研提升计划"等多项举措，在提升科研课题层次和提高科研水平方面取得了长足的进步。基地大胆起用了一批青年博士、教师，让他们承担相关项目管理、学术研究的基础工作以及部分课题研究等重要任务。有目的、有意识地给他们压担子，为他们提供良好的研究条件，着力培养后备研究人员，为形成结构合理的研究队伍以及具备良好学术修养的骨干学术人才奠定了坚实基础，也为取得高水平科研项目创造了有利条件。

3. 紧密跟踪职教发展焦点问题，开展前沿研究

基地自身明确的研究定位和发展方向，决定了其独特的研究特色。基地始终致力于学术研究的前沿领域，以前瞻性的视角对高职教育的重大、关键问题进行深入分析和研究，并积极为地方和院校决策的制定出谋划策，

努力充分发挥地方高职院校的智库作用。

4.加强规范管理,实现制度创新

研究基地的良好运转离不开科学规范的内部管理机制。基地自成立以来,认真学习并借鉴学院课题项目申报和总结报告制度、科研经费管理办法等相关制度,以此确保基地建设工作能够正常有序地运行。为加强工作的计划性和规范性,基地创新性地试行了工作年会制度。每年年初,我们都会召开由基地研究骨干、项目负责人、联络人等参加的年度工作会议。会议全面总结上一年度的主要工作,深入讨论并精心布置本年度的基地建设任务,并及时发布年度基地自设项目指南。

5.正视不足、取长补短,努力提升基地研究能力和成果水平

基地自成立以来,虽然取得了一定的成绩,但与省教育科学规划重点研究基地建设要求相比,仍然存在着较大的差距。例如,基地立项课题层次还不够高,标志性成果研究进展缓慢,高水平研究成果数量严重不足,基地科研骨干的学术影响力还远远不够,对地方和院校发展所起到的支撑作用仍然较弱,等等。针对这些问题,我们在人员配备、资源整合、项目申报、自主选题、成果推广、资金筹集等各个环节进一步加大了工作力度,取得了较为显著的效果。

五、关于高等职业教育科学发展的思考和建议

高职院校贯彻科学发展观,关键在于妥善处理学校规模、结构、质量、效益间的辩证关系,秉持内涵与外延并重的指导方针,精准定位,凸显特色,致力于提升教育质量与办学效益。在长期办学实践中,大连职业技术学院积极顺应大连"建设具有国际竞争力的装备制造业基地和东北亚重要国际航运中心"的新要求,全力深化与国内外一流知名企业的合作,以此推动学院办学模式与人才培养模式的根本性变革,进一步提升学院综合办学能力、可持续发展能力以及社会服务能力。具体从以下几方面强化建设。

（一）科学定位，彰显特色，以发展为第一要义

1. 坚持"立足大连、服务辽宁"的学院功能定位

为契合大连市打造先进装备制造业基地的需求，学院着力做大做强数控加工技术、船舶工程技术、模具设计与制造等装备制造类专业群；顺应大连市建设东北亚重要国际航运中心的趋势，加大物流管理、商务日语、会展策划与管理等现代服务业专业群的建设力度；响应大连市高新技术产业发展的号召，加强电子技术、游戏软件、软件技术等电子信息专业群的建设；满足大连市科学发展示范城建设的需要，大力发展老年服务与管理、社区管理与服务等公共事业类专业群，为大连市率先实现全面振兴、构建和谐大连提供优质的高技能人才支撑。

2. 坚持高职教育的学院层次定位

高职院校在培育生产、建设、管理、服务一线高技能人才，推动经济社会可持续发展进程中，发挥着独特且不可替代的作用。因此，我院坚守高职院校办学方向，将建成国家示范性高职院校设为近期目标，把创办具有中国特色的一流高职院校作为长远追求。以实施"工作过程导向"的课程建设为切入点，全力推进"职业活动导向"的工学结合人才培养模式改革，稳步提升教育教学质量。遵循以体现高标准层次、职教特色类型、优质素养为核心设计原则，构建在全国具有引领示范意义的高职院校课程开发标准，同时带动学院"专兼结合、会教能做"师资队伍建设以及高水平现代化实习实训基地建设，促使学院的教育教学理念、教育教学质量、教育教学条件全方位迈入一流高职院校行列。

3. 突出"校企合作、工学结合"的职业教育特色

持续深耕与国内外一流知名企业的合作，完善"互惠互利、合作共赢"的校企合作长效机制，吸引行业、企业深度参与专业人才培养方案制定、专业教学标准建设、教学计划研讨、课程体系构建、学生实践技能培养、实习实训基地建设、应用技术研究等人才培养全流程，实现人才培养从"入

口—过程—出口"各环节与行业企业的无缝对接。我院选择与国内外一流知名企业合作，这是校企合作的一大显著特色。一流知名企业通常代表着地区乃至国内外先进的生产力水平，能确保学生学到最新、最实用的知识技能，有利于学院维持领先的教育教学水平；这类企业对人力资源的关注度更高、目光更为长远，因而能更早地向学院传递未来人才需求信息；其发展空间广阔，对高技能人才需求旺盛，有强烈的意愿与高职院校开展合作，且有条件为"就业导向，实践为纲"的职业院校学生提供顶岗实习、半工半读的机会；一流知名企业员工薪酬水平相对较高，对学生吸引力大，能有效激发学生的学习热情；此外，这类企业往往拥有先进的企业文化，可为高职教育文化创新提供有益的参考与借鉴。

（二）推进"职业活动导向"的人才培养模式改革，以内涵建设统筹学院各项事业全面发展

强化内涵建设，持续提升教育教学质量，是高职院校科学发展的核心要义。人才培养质量不仅关系到学校的声誉，还与学生的就业率以及学校和社会的稳定紧密相连。将提高人才培养质量作为高职教育的核心任务，既是构建和谐社会的必然要求，也是学校自身和谐发展的内在需求。随着技术更新换代加速以及生产组织形式的变革，高等教育必须从传统的侧重学生理论知识传授，转向关注学生社会能力、学习能力、专业能力的培养，故而人才培养模式改革势在必行。我院推行的"职业活动导向"人才培养模式改革，以培养学生综合职业能力为目标，以职业工作过程为依据，以真实工作任务为载体，以行动导向教学为手段，在确保学生在具备首岗胜任能力的基础上，更加关注学生的自主学习能力，即可持续发展能力的培养。

人才培养模式的改革应以课程改革为核心，配套实施"行动导向"的教学模式改革、"应用能力导向"的教学评价体系改革、"双师结构导向"

的师资队伍建设以及"工作过程模拟导向"的实训实习基地建设。我院实施的"工作过程导向"课程改革，在借鉴德国学习领域课程开发模式和北美 DACUM 课程开发模式的基础上，进行了中国化改良。它以德国"工作过程导向"课程为开发理念，结合我院多年实践的 DACUM 课程开发方式，形成了一套具有我院特色的课程开发模式。该模式既能保障课程开发质量，又能充分调动行业企业专家的积极性，大幅提升课程开发效率。目前，我院 7 个重点建设专业的课程体系开发已完成，93 门课程的开发工作已全面展开。实践证明，我院课程开发模式更契合中国国情，经完善后，有望形成大连职院课程开发标准并向全国高职院校推广。

（三）坚持以人为本，保证教师和学生的科学发展

高等教育科学发展观的核心是以人为本。对于高职院校来说，以人为本涵盖两个层面：一是学校办学以人才为本，二是学校教育以学生为本。

1. 以教师发展为本提高教师队伍素质

办学的关键在于教师，教师在教学中起主导作用，是教学改革的主体，决定着教育教学改革的成败。学院将教师队伍建设纳入党委重要议事日程，落实一把手责任；制定科学的师资建设规划，明确教师教研、培训的近期、中期和长远发展目标，以尊重、激励、关爱、发展教师为出发点，为教师提供乐业、发展、创新的空间，挖掘教师的潜能，激发其内部动力，健全"人尽其才，才尽其用"的人才机制，为教师发挥智慧和才能创造机会与条件。重视教师的专业发展，力求实现学院发展与教师个体发展的和谐统一。支持教师学历进修，分批选送教师参加业务培训，定期安排专业教师到企业顶岗实践，积累实际工作经验，提升实践教学能力。完善教科研机制和制度，激励教师积极投身教学改革与建设，鼓励教师提升科研能力，引导教师积极参与科技成果推广、生产技术服务、科技咨询和科技开发，增强服务社会的能力。

2. 以学生为本育人

以学生为中心，一切服务学生，一切为了学生的成长成才，努力为学生的全面发展创造良好条件。学院不仅要关注学生的生活与就业，更要关注人的个性发展、可持续发展和全面发展。我院采取的分层次教学、学分制教学管理等举措以及成立的各类学生社团，为不同学生提供了更多学习机会和更大选择空间；"授人以鱼不如授人以渔"，我院行动导向的教学模式切实能够培养学生的学习能力和可持续发展能力；秉持以人为本、德育为先的理念，我院以职业素质教育为重点开展素质教育，使学生在掌握过硬的职业技能的同时，培养其诚信品质、敬业精神、团队意识、责任意识、创新精神和较强的心理承受能力，促进学生的全面发展。

（四）以贡献求支持，以增强学院的社会服务能力促进可持续发展

服务社会是高校的应尽职责。我院在不断提升自身综合办学实力的同时，强化"开放"的办学理念，充分利用学院实训基地资源和教师智力资源，主动将学院的教学和科研活动融入企业活动，为企业解决技术难题，与企业合作开展各工种初、中、高级工，技师、高级技师的培训与鉴定工作。紧密贴合社会和企业的需求，采用基地化培训、订单式培训、送教上门等多种形式，积极参与大连市"再就业培训工程""职业资格培训工程""高技能人才培养工程""农村劳动力转移技能培训工程"，为提高社会从业人员素质贡献力量。学院的社会服务赢得了政府和企业的认可，进而获得了更多的支持，由此步入学院服务社会、政府企业反哺学院发展的良性循环。

（五）关于现代职业教育体系的构建

值得一提的是，在2016年全国职业教育工作会议召开前，国务院印发了《关于加快发展现代职业教育的决定》，其中提出发展现代职业教育的目标任务是："到2020年，形成适应发展需求、产教深度融合、中职

高职衔接、职业教育与普通教育相互沟通，体现终身教育理念，具有中国特色、世界水平的现代职业教育体系。"会后，大连市中华职业教育社组织召开座谈会，我应邀参会并就如何实现这一宏伟目标发表了自己的观点和建议。

（1）科学引导，合理布局，有序推进现代职业教育体系建设。关于普通本科院校"转型"为应用技术型高校的问题，在政策引导的同时，需合理设计实现路径，助力普通高校转变教育思想、调整人才培养目标、更新教育方法和手段、合理配置师资力量、改善实践教育条件，促使这类高校早日实现"理性回归"。目前部分普通本科院校对"转型"认识不足，有的缺乏思想、理念、知识准备，有的放不下"架子"，鉴于"转型"的艰巨性，需做好长期准备。

（2）关于本科层次职业教育举办主体的选择，建议避免"一刀切"，应采取"两条腿走路"的方式，既要推动现有普通本科院校"转型"，也要允许部分办学质量高的高职院校"升格"。目前，现有国家示范性高职院校和骨干院校，举办高职教育大多已有15年左右的历史，部分院校时间更长。这些院校在办学理念、教育思想、师资队伍、专业建设、课程建设、实训条件建设、校企合作等方面积累深厚，是我国高职教育的中坚力量和宝贵财富。从某种意义上讲，这些院校（至少部分院校）"升格"为应用技术型高校，比普通本科院校"转型"更符合逻辑与实际，能更好地在现代职业教育体系建设中发挥示范和引领作用。

（3）鼓励职业院校开展中外合作办学项目，引进国外优质职教资源和先进的职教思想。设立中外合作办学及课程建设指导机构，对高等职业院校中外合作办学人才培养目标与学生培养全过程进行系统规划，促进课程引进、消化、吸收与创新，最终实现国外先进教育资源的本土化。

（4）统一职业教育准入条件，保障公办职业院校与民办职业教育均衡、良性发展。从近几年高职院校"升本"以及新建高职院校的审批、备案情况看，政府对民办院校支持力度较大。但客观事实是，部分民办院校在办学条件、管理水平、师资队伍、实践教学条件等方面存在诸多不容忽视的基础性缺陷。若不切实重视并改变这一现象，将不利于现代职业教育体系的构建和职业教育质量的提升。社会力量兴办职业教育不等同于兴办独立设置的职业院校，教育行政主管部门应严格按照统一标准审批新建职业院校，积极探索发展股份制、混合所有制职业院校等社会力量参与职业教育的多种形式，将其作为社会力量参与职业教育事业的主要途径。

六、从转制到示范的主要经验

大连职业技术学院自转型发展至2020年的历程，以国家示范校建设为关键节点，可划分为两个主要阶段。在迈向国家示范校的征程中，学院在人才培养模式的探索与创新领域积极作为，成果斐然，发展成效显著。

人才培养模式是否具备鲜明的高职院校特色，不仅决定着高职院校人才培养的基本特性，更影响着其人才培养工作的整体水平。持续创新与完善人才培养模式，是高职院校改革与发展进程中无法回避的核心课题。在近10年的高职教育探索与办学实践里，我院持续深化教育教学改革，大力推进人才培养模式创新，逐步构建起了"一个核心，两个突出，一条道路"的应用型人才培养模式。其中，"一个核心"指的是以"培养契合大连地区经济社会发展需求，能扎根基层、留得住且具备实际应用能力的应用型人才"为核心目标；"两个突出"即"突出职业能力与关键能力培养，突出诚信敬业以及面向基层的素质养成教育"；"一条道路"则是"坚定不移地走产学研合作教育之路"。这一人才培养方案极具我院特色，以下将对其中的创新性举措展开简要阐述。

（一）从大连地区经济社会发展需要出发，准确定位人才培养目标和规格要求，不断推动教学模式创新

以人才培养目标为核心，制订教学计划、完善教学条件、组织教学活动并开展各项工作，是该模式的显著特征。因此，精准定位培养目标成为模式有效运行的关键所在。

1. 准确定位人才培养目标

我院通过开展毕业生追踪调查，深入用人单位，全面了解大连经济社会发展对高职人才的实际需求，掌握毕业生所处工作岗位、承担的工作任务以及履行职责所需的知识、能力与素质要求。结合学院"以就业为导向，坚定服务区域经济社会发展，坚守专科层次高职教育"的定位，将人才培养的总体目标确定为：培育契合大连地区经济社会发展需求，满足生产、建设、管理与服务一线岗位要求，能够扎根基层、留得住且具备实际应用能力的高级应用型人才。依据各专业人才培养目标与规格，当前我院培养的高职人才主要分为五种类型，分别为高技术应用型、技术应用型、知识（方法）应用型、艺术技能型和复合型。

我院人才培养目标的总体定位具备三个显著特性。

（1）地方性，即紧密围绕大连地区经济社会发展需求，培养应用型人才。作为地方政府出资兴办的高职院校，为当地经济社会发展输送人才是我院义不容辞的责任。

（2）基层性，主要面向生产、建设、管理和服务第一线，培养应用型人才，这也是当前我国高职教育人才培养工作的重点任务。

（3）适用性，即培养能够满足职业岗位（群）需求的应用型人才。若缺乏扎根基层、服务基层的意愿，学生难以"下得去"，即便到了基层也难以长久留存；若不具备胜任岗位工作的实践技术与专门技能，同样无法发挥作用，难以满足实际需求。

学院对人才培养目标的这种定位，具有坚实的现实依据与合理性。从人才需求层面来看，大连作为东北地区开放程度最高、经济活力最强的城市，产业基础雄厚，区位优势突出，尤其是作为承接国际产业转移、推动结构优化的先行区域，对高级应用型人才的需求持续旺盛。从社会公众对高职教育的需求角度而言，随着我国高等教育大众化进程的推进，社会公众对高职教育的认可与需求也在逐步增长。此外，学院经过多年的高职教育办学实践，积累了丰富经验，形成了契合高级应用型人才培养要求的办学理念，打造了专业的师资队伍，构建了完善的实践训练体系，并建立了广泛的毕业生就业渠道。

2.科学确定人才培养规格

培养规格是培养目标的具体细化，体现了知识、能力与素质结构。学院采用深入调研与反复论证相结合的方式，科学确定人才培养规格。所谓深入调研，即深入企业岗位，从点到面（针对同一岗位的不同用人单位），深入探究某一职业岗位（群）所需的知识、应具备的技能与素质，抽取共性内容，明确满足该岗位（群）需求的知识、能力与素质结构。所谓反复论证，就是将调研成果提交给由学院、企业的专家和管理者组成的专家指导委员会，按照现实可行性与适度前瞻性相结合的原则，进行DACUM论证，最终确定作为制定教学计划依据的专业人才培养规格。

按照上述工作模式，学院对人才培养规格的总体要求如下。

（1）知识结构遵循"必需、够用"原则，由综合文化知识和专业知识构成。其中，综合文化知识涵盖一名大学专科生应具备的政治、经济、生活、艺术和科学知识；专业知识则包括实际工作所需的职业基本技术知识、专业知识以及专业拓展知识。

（2）能力结构凸显"能力本位"理念，由职业能力和关键能力构成。职业能力包含职业岗位所需的理论知识、实践技术与专门技能；关键能力涵盖胜任职业岗位（群）所需的意志品质、适应职业变化的能力、持续发展能力以及与人合作的能力。

（3）素质结构充分彰显职业素质的重要性，由思想道德素质、文化素质、职业素质和身心素质构成。在全面提升学生综合素质的同时，着重强化职业素质养成教育。

3. 创新教学模式

我院始终坚持以能力培养为主线组织教学活动，形成了"模块式教学＋阶段性教学＋开放性教学"的"模块式、阶段性、开放型"教学模式。所谓模块式教学，就是将职业岗位（群）能力进行分级分解，划分为不同的职业能力模块，并针对每一能力模块设计并实施相应的理论与实践教学内容。阶段性教学则是将学生在校的三年时间，按学年或学期划分为不同阶段，每个阶段明确规定不同的教学内容与应达到的能力要求，并据此开展教学活动。开放性教学是指不断优化教学计划，压缩教学课时总量，促使学生从单纯的理论学习课堂走向校园，从校园走向企业，走向社会。

（二）正确处理理论教学和实践教学的关系，加强院内外实训基地建设，突出学生职业能力培养

突出职业能力和关键能力培养，是学院"一个核心，两个突出，一条道路"人才培养模式的重要特征与基本要点。学院通过修订教学计划、调整课时比例，强化实践教学与实训基地建设，改革考核评价方式等一系列举措，持续提升学生的职业能力、就业竞争力与创业能力。

1. 切实加强实践教学

高职教育的办学实践让我们深刻认识到，理论教学与实践教学相互依存、相互融合、相互促进，共同构成一个有机整体。提升学生职业能力、就业竞争力与创业能力的关键，在于正确处理二者关系。我院秉持基础理论教学"以应用为目的，以必需、够用为度"的原则，不断完善与理论教学紧密关联的实践教学体系，强化实践教学。

1）大幅压缩总课时数

我院在近两年内两次大规模调整、修订教学计划，果断削减总课时数。首次将总课时数从 3 000 多学时缩减至 2 700 学时左右，第二次又进一步减少到 2 580 学时左右。压缩总课时数旨在删减与学生能力培养无关的课程，为学生增加自主学习、参与科学文化活动和社会实践的时间，拓展学生综合素质，提升学生关键能力。

2）合理调整理论教学与实践教学的比例关系

针对我院培养的 5 种高职人才类型的不同要求，按照 1∶1 的原则，灵活调整理论教学与实践教学的课时比例。不同专业、不同人才类型，其理论教学与实践教学比例存在差异。培养高技能型、技术应用型和艺术技能型人才的专业，比例可能为 1∶1，甚至实践教学课时数多于理论教学课时数；培养知识（方法）应用型和复合型人才的专业，比例可能为 1∶1，或者实践教学课时数少于理论教学课时数。

2. 加强院内实训基地建设

从我国企业的实际情况来看，高职院校借助与行业、企业合作，利用社会资源提升学生实践动手能力的途径，仍存在诸多阻碍，不够顺畅。学生前往企业，大多只能增加感性认识，体验生产现场氛围。学生实践能力的养成，主要还是依赖校内实训基地。近年来，在各级政府的大力支持下，我院持续加大实训基地建设投入，已建成集职业技能鉴定、教师培训、学生实训、开发研究、对外加工、社会职业培训等多功能于一体，并向学生开放的现代装备制造技术、现代电子技术、现代服务业 3 个实训中心，以及物业智能控制、老年养护等 80 多个专业实训室，为学生提升职业技能提供了充足的训练空间与场所。被确定为教育部"职业技术教育数控加工技术实训基地"的现代装备制造技术实训中心，初步实现了教学功能与生产功能的一体化，学生能够参与该中心对外产品加工的实际生产过程。

3.加强实践指导教师队伍建设

实践指导教师短缺是众多高职院校面临的难题。为解决这一矛盾，近年来我院高度重视实践指导教师的培养与队伍建设工作。一是安排具有"双师"资格的教师承担实训教学任务；二是依托院内实训基地，采用以老带新的方式，培养专职实践指导教师；三是聘请具有一线实际工作经验的在职人员担任学院兼职实践指导教师；四是以合同制形式，聘请社会上离退休的"能工巧匠"担任学院实践指导教师。这些措施的实施，不仅确保了学生实训工作的顺利开展，还保障了学生实训质量不打折扣。

4.创新考核方式

为进一步激发学生积极参与实践、练习技能、熟练掌握技术的热情，切实增强实践动手能力，学院大力推进课程考核改革，充分发挥考试的杠杆与导向作用。对于实践教学以及实践教学课时数占总学时数比例较高的课程，摒弃以往仅通过一张理论试卷评价学生学习情况的做法，加大对现场操作能力考核的比重，做到考核内容明确（现场操作能力）、过程有记录、评分有标准、成绩有依据。考核方式方法的改革，有效调动了学生学习实践技术和专业技能的积极性与主动性。

（三）以职业素质教育为核心构建学生素质教育体系，突出诚信敬业、亲近基层的素质养成教育和创业精神教育

突出诚信敬业和面向基层的素质养成教育，是学院"一个核心，两个突出，一条道路"人才培养模式的又一重要特征与基本要点。学院高度重视学生的诚信敬业和亲近基层教育，全力塑造学生诚实守信、扎根基层、艰苦创业的优良品质。

1.突出诚信敬业和亲近基层的素质养成教育

为避免素质教育流于形式，学院深入探索高职院校实施素质教育的独特路径。鉴于高职教育培养面向生产、建设、管理和服务第一线高级应用型人才的特点，学院强化了以诚信敬业为核心的职业道德教育以及亲近基

层的素质养成教育。将专业认知教育纳入新生入学教育环节,由系主任或专业负责人向新生详细介绍所在专业的从业方向、就业岗位和发展前景。新生入学后,首先安排的课程便是前往学院实训基地或企业生产车间,与一线工作人员接触,认识生产设备,感受基层工作环境与氛围,培养学生亲近基层、亲近一线的情感意识,让学生明确:"我未来的工作就在基层。"在新生中组织开展职业生涯规划活动,引导学生正确认识自我、了解社会、认知职业,规划未来发展方向。

2. 营造诚信敬业人才健康成长的文化环境和氛围

具有高职教育特色的校园文化环境与氛围,是高技能人才成长的精神滋养。学院以打造"先进性、职业性、高品位、个性化"的高职教育文化为目标,扎实推进校园文化建设。以"用忠诚、知识和能力充实人生,面向未来"的校训激励师生,教师敬业爱生、为人师表、严谨求实、知行共融的良好教风和学生乐学勤学、奋发向上的学习风气逐渐形成,初步营造出了有利于诚信敬业的高技能应用人才健康成长的文化环境与氛围。

3. 不断提高学生综合素质

将人文素质教育、科学素质教育课程以及心理健康教育课程纳入教学计划,拓展学生的人文情怀与科学素养,培育健康人格。精心策划丰富多彩的科技、文化、体育和社会实践活动,定期举办校园文化艺术节、读书节、科技节、外语节,创新学生社团活动形式与内容,以学生喜闻乐见的方式,吸引学生广泛参与校园活动和社会实践,让学生在活动中了解择业、就业和创业的实际要求,培养职业意识和职业精神,提升关键能力。

(四)坚持走产学研合作教育道路,探索产学研结合的实现形式,推进学院办学模式的改革与创新

我院"一个核心,两个突出,一条道路"的人才培养模式,充分彰显了产学研合作教育是高职教育的本质特征,是高职院校改革发展的必由之路这一理念。

1. 建立互惠互利、合作双赢的产学研工作体制和机制

经过多年实践探索，产学研相结合的理念已成为学院从领导到教师的共识与自觉行动，学院积极主动为行业企业服务，行业企业也踊跃参与学院教育教学，互惠互利、合作共赢的产学研工作体制和机制逐步建立。学院与中远船务工程有限公司、通用电气（大连）公司、大连机床集团公司等众多知名企业建立了产学研合作教育关系。学院能够借助企业设备和其他资源，训练学生实践能力，提升学生职业技能；企业则能以较低成本快速获取所需的应用型人才，正如中远船务工程有限公司总经理王兴如所说："可以用最小的成本、最小的代价、最快的速度获取企业需要的应用型人才。"

学院老年服务与管理专业、烹饪工艺与营养（厨艺）专业与大连市职业技能鉴定中心建立了相互支持、相互依存的合作关系。老年服务与管理专业负责人被该中心聘为专家委员会常务委员、养老护理专业主任委员；烹饪工艺与营养（厨艺）专业负责人等被该中心聘为职业资格证书考评员，频繁参与该专业职业技能鉴定工作。大连市养老护理员初级、中级职业技能鉴定试题库，大连市中级、高级营养师（营养配餐员）职业技能鉴定技能考试方案和试题库，均由我院教师编制，作为社会人员获取上述专业职业资格证书的测试依据。

2. 积极探索产学研合作教育的实现形式

产学研合作教育具有多种实现形式，每一种形式都对学院提升人才培养工作水平起到积极的推动作用。学院积极探寻产学研合作教育的有效途径，逐步规范形成了6种基本模式。

1）互为基地模式

企业将学院作为人才培训基地，学院把企业当作实训基地。例如，管理工程系烹饪工艺与营养（厨艺）专业与五星级酒店大连富丽华有限公司

之间、社会事业系老年服务与管理专业与大连市民政局所属养老机构之间，就建立了这种互为基地的合作关系。

2）合作办学模式

学院与大连冷冻机股份有限公司合作的制冷与空调技术专业，与大连造船厂合作的船舶动力装置、船舶电气化、船舶结构加工技术三个专业，采用一年级在学院进行基础理论学习，二、三年级在企业开展专业教学和实践训练的"1+2"校企合作办学形式。

3）工学结合模式

学院大部分专业初步实现了学校教育与生产劳动和社会实践的结合。学生在校学习的最后半年的综合实训课以企业顶岗实习形式进行。学生在企业相关人员实践指导下，从事某一具体岗位的生产、加工、服务等实际工作，企业为学生提供500～850元不等的生活费用，实训结束后由企业对学生实训情况做出具体的评价性鉴定，学院根据企业评价认定学生综合实训课成绩。

4）合作培训模式

如学院与大连机械行业协会合作培训企业青年技术工人，社会事业系与大连市民政局合作，利用香港汇丰银行提供的善款对下岗人员进行"养老护理员职业资格证书"培训，继续教育分院与省邮政局合作对该局处级以上干部进行"工商管理"培训等。

5）技术交流模式

通过聘请行业、企业的工程技术人员、管理人员担任兼职教师、专业建设委员会委员，邀请他们到校举办讲座、报告会，以及安排教师到企业和社会兼职，组织师生到企业生产现场实地考察参观等多种形式，增强师生对企业及相关行业领域先进工作理念、管理理念、领先技术等的认知与理解。

6)"订单式"培养模式

我院与世界500强排名靠前的美国通用电气（大连）公司建立了商务日语专业人才"订单式"培养合作关系。学院依照该公司要求制订教学计划，组织教学活动。公司每年录用商务日语专业毕业生的规模不少于20人。我院还与大连机床集团建立了机电类专门人才"订单式"培养合作关系。教学计划、教学内容和课程体系等均由企业工程技术人员、管理人员与学院共同研究确定，企业派遣经验丰富的专业技术人员到学院兼任实践指导教师，为该集团培养了一批实用的高技能专门人才。

3. 不断拓展产学研合作教育的渠道

学院筹备建立由政府有关职能部门、企业、行业等各界人士参与的学院发展咨询委员会，谋划学院包括产学研合作教育在内的长远发展战略。积极探索工学结合、半工半读的高职教育新模式，推动学院人才培养模式的进一步创新。持续扩大与大型企业联合办学的规模，保持学院高职教育的先进性。目前，学院与上海大众汽车公司、上海通用汽车公司的合作谈判进展顺利，计划在短期内实现两大汽车公司将各自的东北培训基地落户我院的目标。

"一个核心，两个突出，一条道路"模式具有以下特点。

（1）强调"以培养目标"为核心，区别于强调"以能力培养"为核心的思路，充分体现了学院人才培养目标与社会需求以及人才全面发展相契合的要求。

（2）注重能力和素质并重，强调二者的有机融合。能力与素质犹如鸟之双翼，缺一不可，任何一方的欠缺都难以实现长远发展，有效避免了单纯强调能力或片面注重素质的倾向。

（3）鲜明地凸显了产学研合作教育是高职教育改革与发展必由之路的理念。

七、后示范校建设时期的主要发展思路与措施

大连职业技术学院示范性建设历经2007年立项、2008—2009年建设以及2010年迎接验收的艰辛历程。2010年7月，在全面总结前一阶段示范校建设工作成绩与经验的基础上，深入分析当时高职教育面临的形势与任务，明确了学院在后示范校建设时期的工作思路与发展任务。

（一）充分肯定国家示范性高职院校建设取得的成绩

近几年国家示范校从申报、建设到验收的过程，是我院在中国高职教育发展新阶段不断深化教育教学改革的奋斗征程。在这期间，我院教师以自我牺牲与奉献为基石，以改革与责任为铺路石，以心血与汗水浇灌，铺就了通往全国一流高职院校的希望之路。回顾示范校建设工作，成绩斐然。

1. "校企合作，供求结合"的专业人才培养模式改革成效显著

形成了1141、2+2、三三制、四级能力递进、3+Xi等多样化人才培养模式。开发完成22个专业教学标准、258门专业课程标准，人才培养质量大幅提升。企业普遍反馈我院毕业生"适应岗位快、动手能力强、综合素质高、发展空间大"。2009年毕业生一次就业率达96.53%，2010年毕业生就业率截至当时达98.10%。

2. "就业导向，工学结合"的教学改革成果突出

建设了54门优质核心课程及课件，新增11门省级精品课程，编写工学结合课程教材85本、实训指导书53本。5门公共基础课程实施教学改革，生产性实训学时平均比例达93.7%。

3. "会教能做，专兼结合"的专业教学团队建设效果明显

学院先后选派100多名教师赴境外培训，300多人次接受国内各类培训。目前拥有省级优秀教学团队10个，省级专业带头人4人，省级教学名师2人，省级优秀骨干教师13人。承担国家级科研课题9项，省市级科研课题83项，荣获省级教学成果奖12项。企业兼职教师占专业教学团队教师

比例从 23.4% 提升至 46%。

4. "手脑并用，理实一体"的实训教学条件建设明显改善

投入 6 190 万元新建、扩建各类实训室 55 个，购置实训设备 2 243 台（套），投入近 985 万元建设学生自主学习网络平台。

5. "育人为本，服务社会"的高职社会服务理念得到印证

始终将"育人"作为高职院校首要任务，通过人才服务社会，不断拓展学院服务社会能力。专业布局覆盖大连主要行业和产业，向社会 30 余个行业输送 56 个专业的近万名毕业生。面向社会人员开展 28 个行业的职业培训和 35 类职业技能鉴定。成立"大连市职业技术教育科学研究院"，承办辽宁省教育厅"辽宁省高职教育教学院校长培训班""辽宁省高职院校骨干教师培训班"。对口支援西部高职院校数量从 3 所增加到 5 所。

6. "灵活多样的订单班，深度融合的校企合作"使我院教育特色日益形成

校外实习基地 635 个，合作企业超 890 家。涌现出"大商班""中远船务班""简柏特班""中升班""上海通用 ASEP 项目""英特尔班""通世泰班""埃森哲班"等各具特色的订单班。英特尔、固特异、上海通用、奇瑞（大连）等一批国内外知名企业与我院实现校企合作的深度融合。

（二）正确分析高职教育面临的形势和机遇

示范校建设只是学院的阶段性任务，科学、可持续发展才是长期奋斗目标。因此，在欢庆胜利之时，我们需保持清醒头脑，冷静分析高职教育形势，抢抓机遇，乘势而上，推动学院科学可持续发展。

从国际形势看，随着现代工业兴起与现代工业革命推进，高职教育因能适应并促进经济增长、推动经济社会发展，受到各国政府高度重视。全球一体化趋势加强和经济社会不断进步，促使各国积极开展高职教育模式创新与改革，形成了以德国"双元制"、加拿大和美国 CBE 人才培养模式、以澳大利亚为代表的 TAFE 人才培养模式、世界劳工组织 MES 模式为代表的四大先进高职教育模式。在经历全球性金融海啸后，各国将经济结构调整和增长方式转变作为应对危机的主要手段，急需大量具备较高理论水平和较强实践操作能力的一线高级技师，这为高职教育发展带来了难得机遇，也提出了更高要求，高职教育在经济复苏中将发挥更为重要的作用。

从国内形势看，我国高职教育兴起同样基于经济增长与经济社会发展的需求。经过多年探索实践，实现了跨越式发展，在高等教育中占据半壁江山。国内教育专家和学者普遍认为，中国高等教育改革在高职院校率先取得较大突破，"服务地方经济与社会发展"的功能定位更精准，"为生产、管理、服务第一线培养高技能型实用人才"的目标实现更有效，"就业导向、校企合作、工学结合"的人才培养目标和办学模式不断完善。"育人"的基本职能日益凸显。《国家中长期教育改革和发展规划纲要》明确提出大力发展职业教育，强调其是推动经济发展、促进就业、改善民生、解决"三农"问题的重要途径，是缓解劳动力供求结构矛盾的关键环节，要摆在更加突出位置，这使高职教育定位达到前所未有的高度。

从大连的形势看，《辽宁沿海经济带发展规划》上升为国家战略，辽宁沿海经济带在打造新经济增长极的过程中，出现近 20 万高技能型实用人才缺口。大连通过"三个中心一个聚集区"建设，推进"全域城市化"和"现代工业化"，实现全市经济社会科学发展新跨越，也需要本地高职院校输送更多的一线高级技师。这表明大连城市发展需求为学院带来广阔发展空间。

尽管国内外形势大好，但学院发展依旧面临诸多挑战。例如，扶持和保障职业教育的法律、制度体系，还有待进一步完善；全国各示范校和民办高职教育的快速发展，带来了竞争压力；示范校建设成果需巩固和拓展，以切实发挥示范引领作用；社会思想有待进一步解放，教育教学改革还需深化，专业人才培养方案也要做到与时俱进；教育特色打造需下大力气，以示范专业为核心的专业群建设及专业梳理需理顺，等等。这些挑战也将成为学院今后工作的动力。

（三）进一步明确后示范校建设时期的发展思路和工作任务

示范校建设验收通过后，我们应清醒地认识到，建设中存在仓促之处，还有诸多任务需细化落实，学院尚未跻身"全国一流高职院校"行列。面对激烈的竞争和未来的发展，机遇与挑战并存。因此，我们要增强紧迫感、危机感和责任感，不能满足现状，不能停留在示范校建设的成绩上，不能有懈怠思想。要抓住总体良好的发展形势，统一思想，以科学发展观为统领，扎实学习研究现代高职教育理论，持续推进教学改革，明确将学院建设成为"具有鲜明特色全国一流高职院校强校"的目标。

1. 始终坚持把"育人"作为核心任务

高校的首要任务是"育人"，高职院校作为高等院校重要组成部分，应将"育人"作为第一要务。要与时俱进地推动以"育人"为核心的大连职院教育特色形成，将"育人"作为教育教学改革、专业和课程建设的根本目标与方向。通过输送大批诚信敬业的高技能实用型人才，实现学院社会服务功能，以优质育人成果解决科技研发实际问题，各项工作都要围绕这一中心任务开展。

2. 始终坚持举全院之力打造"品牌特色工程"

要进入"两个一流"行列，必须在品牌、精品和特色方面发力。品牌和精品是核心竞争力，一所院校的竞争力体现在拥有多少国家级课程建设标准、精品课、专业团队、专业带头人、教学名师、教学资源库、教育专家库、科研项目和重大科研课题等。学院要集中力量实施"品牌特色工程"，在人财物上给予保障，将专业、课程、团队，尤其是示范校建设中的示范专业和核心课程打造成国家级的品牌和精品。在打造过程中，逐步形成教学、育人、文化等特色，进而构建"符合中国现代高职教育规律、具有我院特色的大连职院教育特色"。

3. 始终坚持深化教育教学改革

改革是教育发展的生命力和创造力,教育的先进性就体现在与时俱进、持续推进教育教学改革上。高职教学改革要坚持"就业导向""工学结合",以"就业能力、就业能力的转移能力、继续学习能力"为培养目标,将改革的重点放在专业、课程、教学、实践、就业等环节,并注重各环节关联,确保改革服务于培养目标。学院前一阶段的教育教学改革成效显著,但随着经济结构调整和经济社会发展,教育教学模式需不断更新。要巩固改革成果,根据社会需求、时代特征和培养对象变化,进一步推进改革。勇于更新教育教学观念,打造富有特色、理实一体、符合职场情境要求的教学模式,践行"生产过程教育化,教育过程生产化"的教学过程,建立更多高质量校内校外实训基地,完善职业素质教育体系,打造"双师"型教师教学团队。

4. 始终坚持开放办学、系统培养

"育人"是高等职业教育首要任务,回答"培养什么样的人"和"怎样培养人"需社会和学校共同参与。因此,要坚持开放办学,推动教育资源"走出去",生产资源"请进来";教育观念"走出去",用人需求"请进来";教育方法"走出去",先进经验"请进来"。坚持与国内外知名企业深度合作,探索更有效的校企合作模式,强化企业在学院专业建设、教学过程、人才培养方案完善等方面的作用,将职场情境引入教学环节,促进优质生产资源与教育资源的融合。坚持与国内外高职院校合作交流,吸收发达国家先进职业教育理念,借鉴国内高职院校的先进经验和高效的管理运行模式。坚持系统培养科学文化知识和动手能力,实现学院人才培养目标。

5. 始终坚持与时俱进,全面推进体制机制创新

解放思想、创造性开展工作是当前工作的基本要求。学院要在体制机制上创新，向"全国一流的高职院校"迈进。逐步建立二级管理体制，做大做强二级管理单位。实现教育资源校内的合理配置与整合，下放人财物等管理权限，发挥二级管理单位能动性。适时梳理现有专业，形成二级管理单位核心专业和专业群。建立二级管理单位收入及分配制度，调动其工作积极性，提升工作层次，推动办学水平提升。

建立完善民主科学的议事制度和教学科研专家学者参与的决策机制，发挥学院教职员工参与决策的积极性。探索建立校务委员会、民主事务管理委员会、教育教学委员会、学术委员会和专业建设委员会，为教职员工提供决策的平台，减少党政对教学科研的行政干预，在专业建设、教育科研方面赋予专家权力，确保决策科学合理。通过实施"三大工程"，加强学院"软实力"建设，挖掘、总结、凝练和提升软实力特色，形成"大连职院文化"和"大连职院精神"。

鼓励有实力的教授建立工作室、组建科研团队和成立科研院所，以其为载体推动理实一体的教学实践、科技研发和学生创业。在条件允许时，建立大学师生创业园和创业孵化器，拓宽学生就业渠道，鼓励大学生创业式就业。创新图书教材采购管理模式，学习其他院校的先进经验，探索公开招标社会采购力量进校服务的方式，实现编审、编采、管采分离，使学院专注于教材的编审、使用审核与开发、与专业人才培养方案对接等教材管理工作，以及图书购置计划的编制、种类门类研究、服务教育教学及专业建设等图书管理工作，更好地发挥教材图书的管理职能。

鼓励后勤分步实施管理模式改革，科学管理，降低浪费，创建节约环保型校园。通过机制创新提高工勤人员待遇，缩小与干部的收入差距。创新行政办公手段，将现代技术引入一线工作，设计研发实用教学和管理工具，建设并完善数字化自主管理平台和学生自主学习平台，节约开支，提高工作效率。

6. 始终坚持夯实学院内涵建设

内涵是一所大学的"灵魂",是独特精神与文化的积淀,也是高校健康持续协调发展的保障。学院内涵建设任务艰巨,重点强调三项制度改革。上一轮三项制度改革是加强内涵建设的有力举措,在形成激励机制、维护和谐稳定、提高教职员工待遇等方面取得成绩,但仍存在操作层面和制度不完善的问题。要抓紧研究出台配套政策,改进操作工作,落实政策,让改革发展成果惠及每一位教职员工。

7. 始终坚持"人"是发展的关键因素

在学院改革发展中,"人"既是决策者又是执行者,更是改革成败的关键和决定性因素。因此,必须坚持以人为本,将"人才"作为推动学院科学可持续发展的关键。研究制定实施干部人才发展规划,解决干部队伍和师资队伍面临的突出问题。科学选拔科处级后备干部,建立后备干部梯队,在教学单位试行"助理制",让优秀的年轻教师参与教育管理。按照中央要求完善党的基层组织建设,配齐配强基层党组织的书记、副书记。大胆引进博士和高级职称的人才,充实专业团队,培养专业带头人。加强干部梯队和教师梯队建设,形成老中青、科级处级结构合理的干部队伍和教授、副教授、讲师、助教层级分明,专业带头人、骨干教师、优秀青年教师梯队完整的教师队伍,确保事业后继有人。

8. 始终坚持校企合作

校企合作不但是全国推行的高职院校办学理念,也是普通高等职业教育优于普通高等教育的精华之所在。对学院而言,校企合作受益良多,且形成了自身教育特色。因此,我们要坚持校企合作,在总结以往取得的成功经验的基础上,积累校企合作经验、探索校企合作规律、创新校企合作机制、规范校企合作行为、规避校企合作风险、优化校企合作效益、建立校企合作制度、跟踪校企合作效果,将校企合作引向更健康发展的轨道。

李国昌：我的职业教育工作经历与感悟

一、我对职业教育的认识与感悟

从工作历程来讲，我可能没有那么多的理论可谈，因为我并非理论型专家，能讲的更多是在基层工作中积累起来的感悟。自参加工作起，我便进入职业院校领域，先是在齐齐哈尔工程学院，来到海南后一直在三亚理工职业学院深耕职业教育事业。

从最初的专业教师，逐步晋升为教研室主任、系主任、校长助理，直至校领导，一路走来，我对职业教育的理解不断深化。多年间，我见证了我国职业教育的巨大变迁。2006年刚涉足职业教育时，学习是我的主要任务。当时，全国百所高职示范校建设正如火如荼，我们走访了约三十所院校取经。通过与这些院校学习交流，我们拓宽了视野，明晰了职业教育的发展方向。通过深入研究示范校的建设历程与成功经验，我们找到了自身职业教育发展的道路，也为教师职业生涯规划奠定了基础。

从那时候开始，我们对职业教育有了较为深刻的认识，这对于学院近几年的发展助力极大。例如，现代学徒制和产教融合试点等教学改革能够顺利开展，都离不开此次经历。我们对于职业教育的认识逐渐清晰，职业教育与普通教育大不相同。我们都是从普通教育里走出来的，原以为学习了足够的理论知识，就可以按照这个知识体系去教授学生。其实，职业教育具有更强的职业属性，需要针对岗位需求进行课程设计。职业教育是一种跨界教育，它融合了学校教育与企业教育。所以，我们不仅要教授学校文化，还要引入企业文化；不仅要有学校课程，还需设置配套的企业课程，只有学校和企业二者相结合，才能培育出真正的职业人才。

在齐齐哈尔工程学院曹永安老校长的悉心指导下，我们的职业教育理念实现了质的飞跃。当时，正担任专业负责人的我在校领导的鼓励下，大胆创新，在学院内率先推行"一岗一任务、一岗一指导书"模式，即根据学生不同岗位需求精心设计指导书。同时，学院开始实施"三学期制"，也是说我们的学生暑假不再放假，而是从大学一年级起，便投身企业参与社会实践和顶岗实习。我们深知，职业教育需要理论与实践交替进行，如此才能取得最佳学习效果。夏季第三学期，严格遵循"一个岗位，一个指导书，一个任务书"原则，围绕岗位核心任务展开实习，工作细致且扎实，学生在实践中得到了充分锻炼。

后续，我们又推进"政校企合作、产学研一体"，实现了产教深度融合，践行我们"办一个专业，开一个实体，兴一份产业"的职业教育理念。以我当时负责的数控技术专业和机械设计与制造专业为例，集全系力量建立了一个省级示范性实践教学基地，这个基地并不是为达成任务而敷衍设置的，它是一个具备进行实际生产的工作场所。在此基础上，我们成立了齐三机床有限公司。齐齐哈尔作为中国的重工业基地，有许多知名企业落户于此，如知名的齐齐哈尔第一机床厂、第二机床厂。虽然我们的机床厂不是很大，但是怀着将它做大做强的愿景，我们把机床厂命名为"齐三机床有限公司"。公司成立后，我们积极对外承接一些机械零件的加工任务，学生上课时就在真实设备上加工真实的零件，并以他生产零件质量，作为检验学生学习、实习是否合格的标准。学生历经车床铣床到加工中心的系统训练，在真实职业环境中掌握专业知识与技能，机床厂也借此开启了职业教育培养学生的探索实践。

随着学校办学层次的提升，在升格为普通本科高校后，我们秉持"升本不忘本"的原则，依旧坚守职业教育定位，致力于应用型本科的建设。为提高学生培养质量，齐三机床有限公司的业务从加工零件拓展至设计、加工专用设备。机床厂生产的部分设备也获得了业内的认可，为国家科技进步贡献了力量，如长春光机所、四川光机所的光学加工设备和数控设备都在此组装生产。学生深度参与专用设备的设计、加工、生产全流程，积累了丰富经验。

那时，我身兼数职，既是专业教师，又是系主任，还兼任工厂厂长，需要同时负责专业教学、公司管理以及生产工作，实在分身乏术，难以应对。我们曾经探讨是否可以另外找人分担部分工作，聘请一个专职厂长，或是将我负责的教学工作移交给其他老师？我们做过这样尝试，但是实践证明，此路不通。厂长关注企业经营，系主任侧重教学管理，两人协作易产生生产与教学的矛盾。而只有一个人来全面负责这些事的时候，才能灵活协调，合理安排学生实习与教学时间。就这样，我兼任齐三机床有限公司总经理与机电工程系主任，实现了教学与生产的完美结合，将消费性实习转变为生产性实习。

我工作过的两所院校都极为重视职业生涯规划教育。学生如果缺乏学习动力便难以学有所成，因此激发学生学习兴趣至关重要。因此，我们设计了新生的职业前瞻教育，即在学生入学军训后，进入企业进行职业体验与前瞻。学生在进入企业之后，通过调研问卷和实际体验，让学生了解自己所学的专业与未来的工作岗位。这是我们职业生涯规划中课程中的一个重要模块——"工作世界探索"。在职业体验结束后，学生若认为专业不适合自己，可申请转专业。这种做法当时是一个非常大胆的尝试，但从实际效果来看，职业前瞻教育确实显著提升了学生的学习积极性。

我们对于学生提出了更多的要求。职业院校的学生或许学习成绩、习惯并不是很好，但是我们要善于发现、挖掘他们的优点。为此，学院试行了"实习实践专利"制度，来判定这个学生培养是否合格、能否顺利毕业。实习实践专利制度规定了学生在实习实践的过程中，通过取得优异的成绩来获得相应学分，累计获得一定学分后才能毕业。这种做法鼓励学生发挥专长，部分学生毕业时就已经创建了自己的企业——外协加工的工厂，或者是机械设备装配团队。这为职业人才培养又提供了一个新思路。

随着职业教育教学改革不断深入，我们对中国职业教育与高等教育历史进行了研究和学习，并与国际职业教育的发展进行了分析比较。我们较早接触到的国外职业教育是德国的双元制，国内很多中等、高职院校都纷纷考察学习过德国的职业教育。经过对中外职业教育发展史的比较和分析，我们发现德国双元制是特定历史时期、特定政策环境下的产物。实际上，我国也曾有这种形式的职业教育，如工业基地、企业兴办的中等职业技术学校、工人大学等，这些学校在办学理念、教学模式、课程体系、评价方法方面与德国的双元制有诸多的相似之处。这坚定了我们探索职业教育改革和发展之路的决心，在专业建设、人才培养模式改革、深化校企合作等方面不断创新。

目前，部分学生选择职业教育是为了方便就业，也有部分学生是高考失误退而求其次，因此学生的学习主动性是有差别的。我们精心整理了部分优秀学生案例，学校每年会选取部分优秀学生，从一入学起便鼓励他们投身企业实践，部分学生牵头成立服务团队，在企业进行技术性工作，从而积累了大量的成功经验。这让我们坚信，职业教育能够帮助所有人走向成功。职业教育是面对众人的教育，而非精英选拔教育，我们对职业教育充满了信心，也看到了希望。

回顾在齐齐哈尔工程学院这一阶段的工作，我认为做得最好的是在课程设计方面，对职业教育起到了良好的示范引领作用。其中，针对应用型本科课程的 FT 课程开发工作坊，受到全国几百所学校、上千名老师的热烈追捧。目前，海南部分职业院校也在探索这一模式，在课程开发起步初期，对于教师的培训和思想的引导至关重要，这个过程的确艰难，需要学校领导班子有一个统一的思想。在思想动员方面我们进行了大量的工作，每周六都要就课程开发进行培训、组织讨论，在讨论的过程中不断统一思想。在广大教师逐步认识并认可课程开发模式的好处，充分了解进行课程开发的优点后，这项工作才开始进行大规模推广。多位老师在其中积累了不少成功经验，后来成了其他学校的课程设置导师，甚至成为课程改革的业界专家。这一案例的成功，也为课程开发模式的推广树立了典范，让更多学院、教师认可课程开发模式，并积极参与进来。

二、我在海南的职业教育工作经历

2013年至2014年，我担任齐齐哈尔工程学院曹勇安校长的助理。这一年，我在学校治理、资源整合、成本控制等方面有了更深刻的认识。学校创办的企业在创造经济效益的同时，也帮助学校实现了从消费性行为到生产性行为的转变，能够有效降低学校的运行成本。因此，我们对于校企融合、产教融合等方面的工作，进行了更为深入的研究。

2014年，三亚城市职业学院委托齐齐哈尔工程学院进行管理，我和另外两位领导被派到海南工作。实际上，从2013年起，我们便已在为三亚城市职业学院做管理咨询服务，但是学员管理工作任务繁重，非一人之力可完成，需要依托团队的力量。因此，在我们提出需求后，齐齐哈尔工程学院便派遣人员协助我们进行工作。在这个过程中，我们也将三亚城市职业学院的管理队伍和技术团队逐步组建完成。从发展成果来看，三亚城市职业学院的办学规模从最初不足600人，在委托管理结束时增长至2 000人，在此期间还实施了多项重大教学改革项目。当时，我在三亚城市职业学院担任校长助理兼教务处处长的职务是，推行了"旺工淡学、工学交替"冬季小学期和职业前瞻教育等教学改革项目，获得了海南省教育厅的认可，并在全省范围内进行了推广。

2014年冬季,我们开启了"旺工淡学、工学交替"的冬季小学期。

三亚市的因气候环境原因,旅游市场淡旺季分明。旅游业和商业在冬季特别火爆,而夏季冷清,因此,当地企业在旺季存在严重的用工荒,淡季却大幅裁员的现象。而按照传统的教学计划,企业在旺季急需用人的时候,学生往往要在校园里学习专业课程;而企业在淡季无须用工的时候,学生却要大规模实习了,即使企业勉强接收,但实际的实习效果也不佳。

在曹勇安老校长的指导下,我们顶住压力,开启冬季三学期。老校长依据教育部相关文件,强调:"要让学生在真实的职业环境中,真学真做,掌握真本领",这坚定了我们进行教育改革的决心。尽管当时面临的压力很大(会有一些学生和学生家长表示不理解),并且付出了很多的辛苦,但实施下来的实际效果非常成功。我们顶着压力,把冬季三学期实习任务落实下去,把所有的学生安排到企业里进行冬季实践,在企业最需要的时候保证学生可以正常就业。我们的教学安排与企业需求保持高度一致,不仅让学生在实习中体验了真实的职业环境,掌握一定技能,也很好地解决了企业旺季用工问题。

当然,冬季实践并非简单安排学生实习,在实习中我们还提出了"三个不断线"原则,即课堂教学不断线、党团组织不断线、思想政治教育不断线。辅导员与专业老师也随实习学生一起进驻企业,确保"三个不断线"。冬季小学期从2014年持续至2017年,效果显著。后因市场环境与政策因素,虽然不再统一安排冬季小学期实践项目,但我们的做法还是得到了海南省教育厅认可,"旺工淡学、工学交替"的冬季小学期在海南得以推广。

当时学校的专业结构以旅游服务类为主,后续才陆续申报了汽车检测与维修、建筑设计、建筑工程技术、工程造价、消防工程技术等与城市配套、城市服务相关的专业。在拓展专业结构的同时,我们高度重视学生行为习惯养成教育。高职院校的部分同学,个人生活习惯或者学习习惯上虽然存在一些问题，但他们本质良好。因此，我们期望通过实践来磨炼学生的意志和品格。例如，在冬季小学期里，我们每周有一次实习故事会，或是实习体会分享会。当时分享了两名广告专业的学生的故事，他们在实践中展现的职业精神和职业态度令人动容。这两个学生在学校表现平平，甚至偶尔旷课。但在进入企业实习后，因工作环境的变化，两人发生了很大的转变。并在工作历练过程中，受到实习师傅的影响，逐渐形成了职业荣誉感。

两个学生当时的实习岗位属于高危作业一类，公司里的实习师傅对他们特别照顾，凡是有危险的工作，比如广告牌贴牌等，都照顾他们自己进行操作。因此，实习师傅和两个学生相处十分融洽。但很不幸的是，师傅在一次高空安装广告牌时坠楼去世，这件事对这两个学生打击巨大。学校接到这个消息后，第一时间就想调整他们的实习岗位。但是两个学生的选择却十分出人意料，他们表示师傅去世时，还有许多工作没有完成，师傅教我们工作决不能半途而废，坚持要把这个项目继续做完。通过这件事，体现了两个学生高度负责的职业荣誉感和职业责任感。

此外，我们在教师工作业绩考评、职称评定方面也进行了探索。民办高职院校教师的流动性是要高于公办院校。经调查发现，民办高校的待遇虽然较好，但是教师们普遍缺乏归属感。针对年轻教师比例偏高的结构特点，我们一方面加强对年轻教师的培训，另外一方面改革了职称管理制度，进行了人事制度的调整，实施了评聘分开制度。例如，一位老师目前仅是讲师或助教的职称，但如果认为自身已达到更高职称的聘任要求，可申请低职高聘获取相应待遇。而教师获得低职高聘，就要完成相应的工作任务，这就极大地激励了老师的工作积极性。因此，学校很多年轻教师飞速成长。

另一方面，评聘分开原则也在鞭策老同志不能懈怠。按照评聘分开原则，已获评教授或者副教授职称的教师，也需要依照教授和副教授的标准，去完成相关的工作任务。若未达标，可能会被降级聘用。评聘分开制度为学校注入了新鲜血液，也带来了新的活力。

车秀英：我的职业成长之路

一、十八年的师范教学历练

1983年7月，我毕业于辽宁师范学院历史系。作为改革开放初期的大学生，我带着优秀毕业生的荣誉，怀揣着初为人师的理想，开启了在大连师范学校长达十八年的教学生涯。彼时，大学生堪称社会的天之骄子。

然而，从课堂学习迈向课堂教学，这条道路充满了憧憬与挑战。当时，新教师的职业培养体系颇为正规。校长在全体教师大会上郑重介绍了新来的两名大学生，并让我们进行自我介绍。这是我首次面对全体教师发言，内心紧张得怦怦直跳。我涨红了脸，声音颤抖地完成了介绍，结束后只觉无地自容，仿佛将一名心高气傲的大学生的颜面，都攥在了自己紧紧握住且低垂着的手中。随后，校长宣布拜师收徒，当我看到白发苍苍的陈老师带着和蔼的笑容向我伸出手时，心中满是激动，当即表示一定要向陈老师好好学习，努力成为一名合格且自信的年轻教师。

在跟随陈老师备课、听课、试讲的一个多月里，我深感自己需要学习的东西浩如烟海。在课余时间，我一头扎进学校图书馆，阅览室里从此有了我的固定座位。说实话，面对即将登上讲台的压力，大学四年的刻苦学习与优异成绩在此刻似乎都化为乌有。此时我深刻理解了"要输出一滴水，需有一桶水储备"的道理。

经过多年教学磨砺，我将"为人师表，教书育人"作为教学与做人的座右铭，始终保持积极向上的态度，刻苦钻研业务。在师父陈老师逐节课的讲评以及校领导一节节看课的压力下，我终于成长起来。我所讲授的课程广受学生好评，也得到了校领导的表扬。我先后代表学校参与市级、省级乃至全国级的评优课、示范课、优质课等活动，所授课程屡获各种荣誉奖励，所带班级多次荣获校级、市级三好班级称号。我个人也先后获得"大连市优秀班主任""大连市优秀教师""大连市劳动模范""辽宁省先进个人""全国曾宪梓教育奖励基金"等荣誉称号和奖励。

二、职业教育初尝试

2001年，市政府对教育资源进行重新布局。我所在的大连师范学校与大连干部管理学院、大连市工业学校三校合并，组建了大连职业技术学院，我由此踏上了职业教育之路。

这一年，对于我们这些长期耕耘在教师培养领域的师范教师而言，仿佛从天堂坠入凡间。熟悉的校园、教材、学生和课堂都已不复存在。我们感到彷徨、迷茫且惴惴不安，全然不知在职业教育之路上该如何前行。

首先，我们需要面对的就是生源差异。师范学校招收的学生均为大连市高中阶段成绩优异者，基本属于优质生源。而职业学校的学生大多在高中阶段成绩欠佳，未能考上普通本科院校，普遍缺乏学习积极性。其次是教学目标不同。面对这一全新领域与陌生的培养目标，我们无所适从。再者是教材问题。当时没有规范的基础教材，全国各职业院校使用的教材五花八门，各学校各专业选用何种教材均由各专业自行决定。最后是课堂教学，这更让大家感到迷茫。师范学校的教学课堂规范有序，各个教学环节清晰明了，每节课师生之间都能实现教学相长的良性互动，上课是用知识浇灌学生并见证其成长的快乐过程。然而，给职业学校的学生上课，一进教室便让人感觉仿佛误入菜市场，学生们目光散漫，坐姿不端，毫无规矩与目标，整个课堂呈现出一种混沌无序的状态。

当时，许多有关系、有能力的教师纷纷调走。对我来说，最为熟悉的历史专业教学已不复存在，也失去了熟悉的教学对象。看着一群上课就盼着下课的学生，我不禁脱口而出：给师范学生上课是一种享受，给职业学生上课简直是折寿。

2000年，在三校合并的筹备阶段，戴校长和姜书记找我谈话，希望我发挥优秀教师和劳动模范的优势，利用我在历史专业方面的深厚积淀，转型至旅游专业，创办一个全新的旅游管理专业。那一刻，我的大脑一片空白。新的旅游专业？这是做什么的？专业教学大纲、专业教材以及专业教师都在哪里？校领导表示，这些都需要我去探索、开发与创建。探索、开发、创建，这些词汇在我脑海中不断盘旋。我别无选择，只能接受任务，迎接挑战。摆在我面前的首要任务是：如何尽快融入职业教育领域？怎样将我所学的历史专业知识转化到职业教育中？

（一）模仿和借鉴中开始了创建新专业的调研

当时，校领导在省里申请到的新建专业是涉外导游专业。说实话，我对这个领域完全是一片空白，一无所知。在那段困惑的时期，我该怎么办？从何处着手？我开始在网上浏览全国各职业院校开设的旅游专业，却未能找到涉外旅游专业，更别提涉外导游专业了。于是，我转而寻找与之相关的旅游专业及其教学大纲和教学进度计划。在海量搜索中，我发现了一个普遍现象：各院校设置的旅游专业，如旅游管理专业、酒店管理专业、旅游服务与管理专业等，名称虽略有不同，但在课程设置方面，与全国各大本科院校开设的旅游专业大同小异。

发现网络浏览并无收获，面临诸多亟待解决的问题，我开始重新学习并展开企业调研。希望借此能为"涉外导游专业的培养目标是什么？""应开设哪些课程？为何开设这些课程？""哪些旅游企业岗位需要该专业的毕业生？""学生毕业后能就职于哪些企业？"这些问题，找到答案。

我与大连市旅游局导游培训中心建立联系，与中心负责人和讲课老师交流，主要目的有二：一是了解大连市导游员资格考试的基本流程；二是为涉外导游专业的设置寻求方向。在大连市导游培训中心，我了解到，当时大连市的导游证分为两种。一种是地接导游证，即临时导游证，有效期一年，这种考试相对容易，花钱便可通过，每年举行一次，主要用于解决当时大连市导游员短缺的问题（这是我参加考试后的切身体会）。另一种是国家导游员资格考试，由国家统一命题、统一时间考试，具有一定难度，对于当时大部分文化基础较为薄弱的学生来说颇具挑战。我意识到，学生学习涉外导游专业的出路在于考取国家导游员资格证，只有获得此证，才能继续考取英语、日语、领队证，进而与旅行社签约，获得国家导游员初级证书，即上岗证。

不入虎穴，焉得虎子。我亲自参加了2001年国家导游员资格考试。通过参加考前辅导、现场口试、笔试等一系列流程，我了解了导游员资格考试的主要程序，熟悉了考试用书的主要内容以及考试知识的难易程度，包括中外历史知识、地理知识、文学诗词、法律法规、风俗礼仪、普通话口语表达等。考试用书有《全国导游基础知识》《导游实务》《旅游政策与法规》《辽宁导游基础知识》《大连导游词》。这五本书内容丰富，知识含量高，若无一定的知识积累，很难通过考试。在备考期间，我仿佛在知识的海洋中遨游，不断探索、归纳。最终，我一次性通过了国家导游员资格考试，获得了国家导游员资格证书。

在我基本探索出了培养一名国家导游员的路径后，第二个问题接踵而至：涉外导游专业，如何实现"涉外"？我是历史专业出身，于是带领地理专业和生物专业的各一名老师，三位"门外汉"再次踏上企业调研之路。

通过数据了解到，大连市能够提供导游员岗位的旅行社企业仅有204家。我们逐一登门拜访，既有热情接待我们的企业，也遭遇过吃闭门羹的情况。我们对大连市内八十多家旅游企业进行了调研，先后得到中旅的万有财总经理、王立群副总经理的支持与建议，并与众多旅行社建立了实习岗位联系。我们了解到，旅游行业涵盖的知识与技能具有宽领域、多层次、全方位的特点，吃、住、行、游、购、娱各个环节都渗透着职业素养和人文教育。

在对大连市旅游企业的调研中发现，在中旅、国旅、青旅等规模较大的旅游企业中，国内外语导游与领队大多毕业于外语院校，英语、日语水平过硬，而我们的学生基础薄弱，英语过A级都颇为勉强，如何能够进入这样的旅游企业？若无法进入，学生毕业后的出路又在哪里？

（二）在摸索中设计涉外导游专业的教学计划

在探索适合本地域特色的教学计划过程中，我遇到了诸多难题。涉外导游专业，单从名字看颇为高大上，但我们的学生外语基础极差，从小学、初中到高中学习了十年英语，却连基本会话都难以开口。有人建议增加英语课时量，然而我深知我们是导游专业而非英语专业，若增加英语课时，导游专业课的课时该如何安排？

我在备考导游员资格考试的同时，对导游员资格考试用书进行分解。依据导游员资格考试大纲及各部分知识内容在考核中所占的比例，将其分解为若干门课程，并将考试大纲融入我的涉外导游教学计划设计中，纳入教学目标，使课堂教学与导游员考试紧密结合。由此，制定出了第一份涉外导游教学计划。

经过深入市场调研，我发现大连各大旅行社的地接服务对象主要是我国港澳台地区和日韩等国游客，旅游市场对日语、朝鲜语等小语种以及具有地方特色的粤语有需求。于是，在教学计划中增设了日语口语、朝鲜语口语（二选一）课程。针对港澳台游客市场，还开设了全国旅游专业独有的粤语（广东话）方言课程。经过一年多亲身参加导游员资格考试以及对大连市旅游企业的调研，我终于设计出涉外导游教学计划，并通过了学校的专业论证，开始试行。

（三）将涉外导游专业改为涉外旅游专业

2003年，依据教学计划，经过两年专业教学，第一届学生在毕业前参加了国家导游员资格考试。结果令人大失所望，专业30名学生仅有一名通过考试。我们都感到十分困惑，为何只有这名学生能够通过？我了解到，这名学生是高中复读生，曾在旅行社实习过一年，学习态度端正，学习目标明确，学习积极性高。这名学生告诉我，宿舍里其他同学大多缺乏学习动力，浑浑噩噩混日子。

我明白，以当前的录取分数招收的大部分学生都处于这种状态，没有学习目标，对未来感到迷茫，缺乏紧迫感和学习积极性。这些学生在校完成专业学习后若无法拿到导游员资格证书，毕业后的求职就业将面临困境。

若学生毕业证上专业为导游专业，就只能在旅行社的导游岗位求职，而没有导游员资格证书则无法胜任该岗位。旅游企业涵盖吃、住、行、游、购、娱等六大行业，若将专业名称改为涉外旅游专业，学生的就业岗位选择将更为广泛。在学校召开的各专业论证会上，我将这一情况汇报给校领导。戴院长听完后，果断让我撰写专业改名申请，将涉外导游专业改为涉外旅游专业，由学校教务处审核后提交给辽宁省教委。随后，在2004年的招生简章中，专业名称正式修改为涉外旅游专业，并开始了新的教学计划修订。

三、涉外旅游专业的提质升级

（一）涉外旅游专业稳定发展

涉外旅游专业于2001年成立，彼时专业学生人数仅47人，专业教师仅有3人。经过数年的专业建设，至2007年，在校学生人数增长至450人，成为学院40多个专业中稳步发展的专业之一。该专业于2006年被确立为学院重点建设专业，2007年获评辽宁省示范专业。

（二）专业教学团队逐渐成长

作为涉外旅游专业带头人，自身职业化发展至关重要，需兼具教学与实践指导能力。在专业发展进程中，我先后考取国家导游员资格证书、旅行社总经理资格证书，担任大连市旅游局国家职业资格考核现场考核考官。常年深入旅游企业，于企业中兼职并参与相关事务。2007年，涉外旅游专业被评为辽宁省重点建设专业。

作为《模拟导游》课程的负责人及主讲人，2008年6月，该课程获评辽宁省省级精品课程。本人还荣获"大连职业技术学院名师"等荣誉称号。在职业教育实践中，将积累的理念与经验凝练成十几篇论文予以发表，并主编《导游服务实务》、副主编《现代交际礼仪实用教程》等8部教材。承担专业主要教学工作，讲授《模拟导游》《旅游政策法规》《全国导游旅游基础知识》《老年旅游》等课程，设计、组织并指导"旅游英语实训""模拟导游实训"以及"参与旅游企业基层服务"等独立实训课程，负责历届毕业设计工作。

八年来，涉外旅游专业教学团队规模扩充至10人。团队始终致力于课程与师资队伍建设，秉持"校内授课与校外岗位体验"相结合的理念，深受学生欢迎。经过多轮授课筛选，长期聘请4名旅游企业一线专业人士担任实践指导教师，这极大地提升了专业团队的教科研水平与教学力量，增强了团队的向心力与凝聚力。

（三）指导学生在专业技能大赛中屡创佳绩

1. 提供展示基本技能的平台

涉外旅游专业的发展成果，集中体现于学生职业技能在工作中所获得的认可与成绩。数年来，带领教学团队举办了五届涉外旅游专业"学生基本功汇报"展演。每年学生毕业前，都会邀请大连市各大旅游企业及合作企业的负责人到场，让每位学生在"能说会道、能写会画、能唱会跳"等方面展示专长。企业负责人手持学生名单信息与编号现场挑选人才，依据企业需求在学生名单上标注拟提供的岗位及薪资待遇，常出现多家企业争抢一名优秀学生的情形。这种双向选择模式让低年级学生深受触动，使其明白优秀与效益的关联，从而激发学习的积极性与紧迫感。大连职业技术学院涉外旅游专业也借此在大连旅游界声名远扬。

2. 参加职业技能大赛检验培养成果

在此基础上，组织开展各类导游技能大赛等系列活动，鼓励学生积极竞争。组织学生参加市、省、全国三级别的职业大赛，这不仅能够展示专业人才培养成果，更重要的是能让学生在同场竞技中相互学习、取长补短。经过多年磨砺，大连职业技术学院涉外旅游专业学生在2007年东北三省导游员大赛中，获得优秀指导教师奖，涉外旅游教学团队获得优秀组织奖；在2007年大连市旅游行业导游大赛中，再次获得优秀组织奖，参赛学生包揽一、二等奖，在大连市各级旅游学院、旅游学校及旅游专业中独占鳌头。通过组织指导学生参加省、市级"导游王"大赛等赛事，切实提高了学生的综合竞争能力与可持续发展能力。

四、涉外旅游专业在国家示范校重点建设专业中升华

（一）国家示范校重点建设专业的殊荣降临

2007年底，我负责的涉外旅游专业在全校50多个专业中脱颖而出，被选定为国家示范校重点建设专业，并获得地方财政支持。这无疑是一项重大殊荣，犹如大奖降临到我们涉外旅游专业。作为专业负责人，我既欣喜于专业建设终于有了资金保障，又因示范专业建设方向的不明确而深感迷茫。当时，关于示范专业究竟要建设什么，既无标准可循，也无样本可

参照，我们只能摸索前行，在很长一段时间里，都处于一种无头绪的探索状态。

（二）专业建设人才培养方案的制定

1. 负责制定本专业人才培养方案的心路历程

制定人才培养方案，这本应是国家教育主管部门的工作，如今却沉甸甸地落在了我这个专业负责人的肩上，其压力之大，让我食不知味、夜不能寐。我秉持着当初创办旅游专业时的那股闯劲，带领专业骨干教师，向学校申请前往已开展示范校建设的全国同类高等职业院校的旅游专业进行调研、学习与借鉴。同时，将遇到的问题进行汇总，组织教师分头开展企业市场调研。此外，把原本每年一次的专家研讨会，改为多次以不同形式、不同人数、不限地点的方式召开并进行论证。在制定和修改专业教学计划、教学大纲的过程中，修改次数已难以计数，电脑中涉外旅游专业人才培养方案的修改日期，从 2008 年 1 月 1 日持续变更至 2011 年 12 月 31 日。历经三年艰苦努力，这份人才培养方案终于在 2011 年通过了国家示范校的审核。那一刻，内心的激动、委屈与平静交织在一起，难以言表。看着自己负责的涉外旅游专业人才培养方案、专业建设标准、课程内容整合设计、实践教学模式设计成果，以及本专业 4 门省级精品课程的建设成果一一呈现，深感所有的付出都是值得的。

2. 涉外旅游专业人才培养方案别具特色

经过多年的专业建设，尤其是在专业课程的系统开发与设计方面，本专业教学团队通过对涉外旅游专业人才需求的深入调查与分析，同时广泛征求由国际旅行社、旅游景区、涉外饭店等旅游企业一线专家组成的专业指导委员会的意见，经过反复研讨与论证，最终确定了本专业的人才培养方案，具体如下。

1）人才培养目标

岗位定位为导游、计调、营销以及旅游景区与涉外饭店服务与管理者；职业定位为具备高职业道德修养、高综合素质、高技能的应用型人才。

2）人才培养模式

本教学团队从关注学生的岗位胜任能力和可持续发展能力出发，将职业素养教育贯穿始终。依据岗位能力要求设置课程，践行"职业活动导向"的人才培养模式，实施"教、学、做一体化"教学模式。

（1）确定以导游业务为主线的岗位职业能力。导游业务流程主要体现在"吃、住、行、游、购、娱"这六大要素上。以此为主线，确定涉外旅游专业学生"生存与发展"所需的岗位职业能力，即专业基础素养能力、导游核心竞争能力、专业拓展能力。

（2）实施"教、学、做一体化"的教学模式。涉外旅游教学团队的每位成员在教学过程中，摒弃理论教学与实践教学分离的传统模式，推行"教、学、做一体化"教学模式，让学生在实践中学习，在学习中实践。实现理论教学与实践教学相互交融、递进发展，校内教学与校外实习相互渗透，教学内容紧密贴合企业需求。

（3）基于岗位职业能力的教学过程设计。涉外旅游专业的人才培养在教学过程安排上呈现为"4+2"模式，即"4个阶段+2个暑期"。

第1阶段：主要进行专业基础能力的培养与训练，涵盖语言基础训练、职业资格必备知识培训。旨在提升学生的语言表达能力，使学生掌握获取职业资格证书所必需的基本技能。

第2阶段：重点开展导游核心竞争能力的培养与训练。通过朝鲜语导游词讲解、旅游朝鲜语情景会话、中文导游词讲解与创编等学习与训练内容，使学生具备熟练运用语言进行导游讲解的能力。

第3阶段：着重进行专业拓展能力的培养与训练。通过对旅行社计调与外联业务、旅游景区及涉外饭店服务与管理业务的培训学习，使学生具备在旅游企业就业、创业以及可持续发展的能力。

第4阶段：主要为顶岗实习及预就业阶段。重点培养学生的综合实践能力。根据学生的专业方向和就业意向，由学院推荐学生前往与专业对口的企业进行顶岗实习，指导教师与企业兼职教师共同对学生的顶岗实习过程进行跟踪指导、管理与考核。

第1个暑期：利用旅游旺季，由专业指导教师和兼职教师带队，组织学生到校外实习基地进行岗位体验。主要内容包括拜师学艺，熟悉各个岗位工作流程，协助一线师傅完成岗位工作，如跟团导游、踏线导游、计调业务、外联业务、景区景点定点导游、景区景点服务、涉外酒店服务等。

第2个暑期：同样利用旅游旺季，组织学生到校外实习基地进行顶岗实习。主要内容为协助在岗人员从事旅游服务与管理工作，并尝试独立顶岗从事导游、计调、外联、景区景点及涉外酒店服务与管理工作。专业指导教师和兼职教师全程跟踪指导，以提高学生的顶岗工作能力。

（4）以工学结合为切入点，强化生产性实践教学。以突出岗位能力培养为核心，以工学结合为切入点，强化"校内模拟实训、虚拟实训，校外岗位体验、顶岗实习"实践教学。按照"初识企业和岗位，小试牛刀找差距、回炉深造再出击、顶岗实习预就业"的实践教学思路，制定实践教学目标和任务。

（5）把职业道德与素质教育贯穿于整个人才培养的全过程。导游工作具有很强的挑战性，独立性与责任心是导游人文素质的核心。导游人才应具备特殊素质：①拥有优良的诚信品格和较强的社会责任；②具备较好的人文修养和综合能力；③具有较强的沟通能力和创新能力。因此，构建涉外旅游专业"依品行树人，靠技能立业"的职业道德与素质教育体系尤为关键。

"依品行树人"，重在塑造学生的健全人格，以培养学生诚信品格为重点。专业实施"班导师制"，充分发挥每位专业教师在素质教育中的作用，特别是专业青年教师，使其在进行专业教育的同时，对学生开展职业道德教育、职业素质训导、心理素质教育以及就业指导等工作。

深化人文修养和综合能力养成教育：注重思想素养和综合能力的培养，将职业道德修养、心理健康教育、社会公益服务意识、团队协作精神和社会责任感的培养贯穿于教育教学全过程。组织专业教师和辅导员，通过每天的课前演讲、每月的"寝室文化活动展示"、每学期的"名人进校园"、三个学年阅读50本古今中外名著等系列活动，为学生搭建才艺展示平台，发现学生价值、发掘学生潜能、发展学生个性，提升学生人文修养和综合能力。

实施"靠技能立业"的竞争机制：通过长期的人文修养和综合能力养成教育，专业教学团队在已成功举办五届涉外旅游专业"学生基本功汇报"展演的基础上，发挥专业教师的特长，全方位指导每一位学生的专业基本功。举办各种形式的导游技能大赛等系列活动，鼓励学生积极竞争；通过组织指导学生参加省市级"导游王"大赛等赛事，提升学生综合竞争能力。

3.涉外旅游专业的实践教学设计别具匠心

1）强化"校内模拟实训、虚拟实训，校外岗位体验、顶岗实习"实践教学阶梯设计

历经数年，旅游企业从最初的不愿合作到积极主动地抢着与我们建立实习实训基地，这一转变过程充分表明专业人才培养得到了用人单位的认可与肯定。我所设计的涉外旅游专业最具特色的实践教学模式，是以突出岗位能力培养为核心，以工学结合为切入点，强化"校内模拟实训、虚拟实训，校外岗位体验、顶岗实习"实践教学阶梯设计。通过深入旅游企业，切实体验企业用人需求，并结合我们旅游专业学生的实际情况（部分学生有能力从事导游工作，部分学生适合在旅游企业的其他岗位就业）以及本地旅游企业的布局，将实践教学设计划分为两大模块：校内模块和校外模块。校内模块主要负责实训基地建设，重点推进模拟导游实训室和虚

拟旅游实训室的内涵建设；校外模块负责走访旅游企业，先后成功建立了18个稳定的实践教学实训基地。我们先后与中国国际旅行社大连有限公司、大连航空国际旅行社、大连来来旅行社、大连老虎滩海洋公园等知名旅行社联合建立了18家校外实习基地，并与这些旅游企业签订了校内校外实习实训协议，部分还开展了订单培养，校外学生实习实训的比例达到30%。教学效果显著，受到企业的广泛好评。

2）共同培育旅游实用性人才的途径与方法

涉外旅游专业教学团队在教学设计中，采用教学做一体化的教学设计，主要通过"校内模拟实训、虚拟旅游经营实训、校外实景演练、真实岗位体验"的途径和方法开展教学。每位专业教师在课程设计与实训手段上，均遵循这一模式，使整个专业教学转变为边讲边练的过程。

（1）校内模拟教学、虚拟旅游经营实训。

语言能力训练：依据涉外旅游专业语言能力训练目标，有针对性地对学生进行朝鲜语基础语音、听说训练，朝鲜语导游词训练，朝鲜语导游情景会话训练，朝鲜语地接、全陪、导购、营销、计调等业务训练，同时开展普通话等级测试训练和粤语日常用语及导游词训练，以提高学生的综合语言表达能力。

模拟导游训练：依据教学目标，结合大连地区旅游高峰期的特点，按照导游核心能力训练课程流程，在校内以模拟导游训练为主，由专业教师共同对学生进行岗前模拟培训，强化训练学生的专业基本能力，重点提升学生实际岗位的应战能力，如定点讲解导游词、模拟导游线路讲解、模拟购物、组团、地接等能力训练。

虚拟旅游训练：运用本专业自主设计并组织开发的"虚拟旅游系统"软件，组织学生在虚拟的网络空间里进行旅游实战演练，使学生将所学理论知识应用于实践。学生在虚拟的旅游空间里，根据实训任务，按照自己的兴趣爱好选择旅游目的地，设计旅游线路，分别扮演旅行社经理、计调、外联、导游、领队、景区景点管理服务人员、涉外饭店服务与管理人员、游客等角色，并设置各种不同障碍，以考查角色的应变能力和解决问题的能力。

（2）校外岗位体验、顶岗实习。

岗位体验分为两个阶段：第1阶段为第1学期学生入学后，利用1周时间，带领学生参观考察旅游企业和各主要景区景点，聆听工作人员的景区景点讲解、参与近郊旅游线路踏线体验、了解旅游饭店业务流程等，让学生"初识企业和岗位"；第2阶段为第2、第4学期的暑期，利用旅游旺季，组织学生到旅游企业和景区景点拜师学艺，让学生熟悉各个岗位工作流程，如跟团导游、踏线导游、地接业务、全陪业务等，并随导游员顶岗见习。实训指导教师和企业兼职教师共同完成对学生的指导和实践教学任务，此为"小试牛刀找差距"。

顶岗实习则是在第一个阶段岗位体验的基础上，再次利用旅游旺季，组织学生到旅游企业和景区景点协助在岗人员从事旅游服务与管理工作，结合企业用人需求将课堂搬到企业，安排学生到旅行社和旅游景区顶岗实习，最大限度地为学生创造与旅游企业岗位的零距离接触机会，帮助学生确立岗位服务意识，掌握过硬的职业能力，此为"顶岗实习预就业"。

在实习过程中以企业兼职教师为主、学院教师为辅，采取做中学、学中做的方式完成学习，实现工作学习一体化、工作过程学习化、实训就业连续化。学生成绩由校内学习成绩与企业实践考核成绩共同构成。95%以上的学生在校期间有不低于8个月的院外实习经历，半年以上顶岗实习学生占应届毕业生比例达到100%。

"初识企业和岗位，小试牛刀找差距、回炉深造再出击、顶岗实习预就业"的实践教学模式，从一年级学生参观旅游企业开始，二年级学生在企业锻炼中逐步提升，三年级学生查找不足、查缺补漏，其最主要的目的就是要让我们培养的毕业生"下得去、用得上、留得住"。多年来，毕业生在旅游企业踏踏实实地做事，一步一个脚印，得到了旅游企业老总和同行的高度评价。中旅副总王立群评价道："大职院涉外旅游专业的毕业生在哪个岗位都能用得上！"

经过3年多的专业建设，涉外旅游专业实际上已成为大连旅游企业第一线旅游服务人才的重要培训基地。

4. 涉外旅游专业课程体系与教学内容改革独树一帜

1）以导游工作过程为主线，构建基于岗位职业能力的课程体系

我所带领的涉外旅游专业教学团队，依据导游工作对高技能型人才的需求，从企业岗位工作过程分析入手，确立本专业课程以工作过程为导向，紧密围绕岗位能力选取课程内容。

导游工作过程主要体现在导游业务六要素——"吃、住、行、游、购、娱"上。对导游业务的熟练操作能力，是导游人员岗位能力的重要体现。为此，我们将课程内容从"以知识的逻辑线索为依据"转变为"以职业活动的工作过程为依据"，设计特色为"一个基础"与"三大岗位能力"（专业基础能力、导游核心竞争能力、专业拓展能力）。通过召开旅游企业实践专家座谈会及专家访谈会，对导游工作进行整体化职业分析，确定典型工作任务，设计专业整体教学框架，构建基于导游工作过程的课程体系。

在专业基础能力的培养设计中，突出以行业准入制度为主线的课程改革。围绕国家导游员职业资格所必备知识、语言基础能力、职业道德与素质教育三部分学习情境展开。

（1）第一个学习情境：将国家导游员职业资格所必备知识纳入教学计划，加大导游基础知识文化内涵的学习及导游基础能力的训练，以提高学生国家导游员资格证书的通过率。

（2）第二个学习情境：在课程体系设置中，全面体现以培养朝鲜语导游为特色的建设目标。在朝鲜语语言能力培养方面，强化朝鲜语语言听说能力，有针对性地强化朝鲜语情景会话训练，加强学生朝鲜语导游能力

的训教。通过"专题训练""生活细节训练""集中强化训练"等方式，使学生能够熟练使用外语进行导游及与游客交流。同时，注重面向港澳同胞、海外侨胞的粤语导游能力训练。

（3）第三个学习情境：加强职业道德与素质教育，树立"依品行树人，靠技能立业"意识。其中，职业素养教育和语言基础学习贯穿教学全过程。

在导游核心竞争能力的培养中，根据导游典型工作任务——地接任务、全陪任务以及计调等工作任务进行课业设计。通过"模拟导游""涉外旅游礼仪训练""旅游服务心理与策略""旅行社计调与营销"等课程，训练学生的导游词创编能力与讲解能力、组团及带团协调与沟通能力、旅游产品设计与营销能力、应急事件与危机事件应变能力、抗挫折心理调节能力，使学生能够胜任接站、入住、就餐、景点讲解、购物、送站、报账等导游全程工作任务。

在专业拓展能力的培养中，围绕典型工作任务——景区服务、饭店服务进行课业设计。通过"旅游景区管理与服务""旅游饭店接待服务""旅游公关管理"等课程，训练学生的旅游宣传策划能力、旅游服务接待能力、市场经济意识、旅游促销能力、服务接待能力、旅游事故预防能力以及可持续发展能力，使学生在能够胜任导游岗位工作的同时，还能胜任旅行社计调、外联、旅游景区服务以及涉外饭店服务等多项岗位工作。

2）推行能力导向、学生主体、教学做一体、双证融通的课程建设

根据涉外旅游专业人才培养的实际需要，改革课程教学内容、教学方法、教学手段和评价方式，推行以职业活动为导向、融"教、学、做"为一体、双证融通的课程建设。

借鉴加拿大CBE课程开发模式，从职业岗位的需要出发确定能力目标。通过由有代表性的企业专家组成的课程开发委员会，制定能力分解表。以分解表中的能力为目标设置课程、组织教学内容，以职业活动导向、任务驱动方式设计教学，以理论与实践教学合一的教学模式完成教学过程，最

后考核学生是否达到能力要求。

在课程教学中，通过"教、学、做一体化"的教学模式，将培养学生岗位能力的过程设计为边讲边练的过程。实现实训室与专业教室同一、主讲教师与实训指导教师同一、教学内容与实训内容同一，充分调动学生的学习兴趣和热情，保证教学质量与效果。

课程设计体现"以职业活动为导向，突出能力目标，以学生为主体，以项目为载体，以实训为手段，融理论与实践为一体"的教学理念。课程以"项目导向""情境教学"为主，重点采用"校内情景模拟、校外实景演练"的模式；同时，根据本专业的特点和大连优质的旅游资源，将"课堂与实习地点一体化"，把大连主要景区景点作为学生实战演练的舞台。采用"课前演讲""案例分析""角色扮演""实景演练""项目教学"等有效方法，引导学生积极思考，激发学生自主学习和自觉训练职业技能的热情。

3）学习评价体系建设

改革传统考核模式，对学生的能力训练过程进行精心设计。课程评价以真实工作任务为依据，建立学生能力训练多元化的评价体系。课程评价分为"过程性评价"和"终结性评价"两部分，前者主要为平时课程训练的表现，后者为期末考试。建立企业评价与学校评价、教师评价与师傅评价、学生互评与学生自评相结合的校企联合评价机制。根据课程性质和特点，采用口试、现场操作、场景面谈、提交案例分析报告、书面答卷等多种方式，创建一套科学、准确、客观的反映能力形成和知识掌握的学习评价体系。

以我所讲授的专业核心课程《模拟导游》考试设计为例，依据市场需求、企业用人标准及学生的实际接收能力设计考核方案。《模拟导游》课程以导游工作过程为中心设计考核题目，这是其主要特色。在课程考核方案中实行多元化的项目考核设计，将学生6人分成一个项目组，组建学习工作团队，自行选出团队负责人，制定团队公约并进行角色分工。然后抽取教师给出的学生团、教师团、散客团、公务团、老年团的团队信息，每个学生团队依据抽取的团队特点、地域特点制定带团计划，将计划交给教师审阅，合格后开始计划的实施，由专业教师和企业兼职教师共同打分。这样的考试设计，让学生将所学知识应用到具体的工作实践中，受到学生、教师的一致好评。

5.教学改革特色与创新

回顾职业教育教学的心路历程，在自己的职业教育的专业建设中，为职业教育留下了些许值得骄傲的成绩。在涉外旅游专业教学改革中，突出了以下四个特点。

1）专业课程体系设置以工作过程为导向，紧密围绕岗位能力选取课程内容

依据导游业务流程的六大要素——"吃、住、行、游、购、娱"选取课程内容，将课程内容设计为"一个基础"与"三大项目"。"一个基础"是导游职业素质养成，"依品行树人，靠技能立业"的职业道德与素质教育应贯穿整个教学始终。"三大项目"是"导游讲解服务""旅游交通服务""旅行生活服务"三个大型综合项目，将这三大项目作为训练学生职业岗位综合能力的主要载体。在每个项目中，设计若干个任务和20多个能力训练单元，对学生的职业岗位能力进行全方位的训练。

2）"校内情景模拟、校外实景演练"的实践教学模式，拓宽校外演练的场所

课程的实训别具一格。将"课堂与实习地点一体化"，把大连主要景区景点作为学生实战演练的舞台，设计"校内情景模拟、校外实景演练"的实践教学模式；重点采用"课前演讲""案例分析""角色扮演""拓展训练"等多种教学手段和方法，使学生掌握导游岗位能力和规范。

在模拟导游项目演练中，充分利用大连优质的旅游资源——各大景区

景点、校园周边海滩公园，将能力训练的舞台拓展至各大景点，为学生的导游项目训练教学开辟新的场所。聘请旅行社经理和大连市优秀导游，现场指导学生景区景点示范讲解，取得切实的实景演练效果。根据本专业"导游业务流程"实训项目中大部分工作岗位在车上的特点，充分利用学院的汽车大巴，开展"乘坐快乐旅游大巴"活动。在流动的教室中，对学生进行真实情境的岗位能力训练，取得良好的实境演练效果。

3）建立多元化的学生考试考核评价体系，实现技能考核与导游岗位需求的零距离

课程考试改革以真实工作任务为依据，对学生的能力训练考核过程进行精心设计，实现知识、理论、实践和能力训练一体化。在课程考核方式上，考核分为"形成性过程考核"和"终结性考核"两部分。形成性考核以平日考核为主，注重实训过程性考核，注重激发学生学习本门课程的主动性和积极性。同时，在设定的考核情境中，聘请旅行社的主管或优秀导游员与教师共同对学生进行考核，让学生认识到能力实训成绩与企业岗位需求的紧密联系。

4）组织学生参加各种技能大赛，为学生提供走向社会就业的"上岗证"

为培养学生综合能力，学校组织学生参加各种技能大赛。一方面，组织学生参加各类导游技能大赛，这有利于全面检验和衡量学生的综合导游素质，促使学生重视实践，认识到职业技能并非一时的考试，而是为未来走上职业岗位所做的准备。课程中设定的每年一度的"导游基本技能"汇报大赛，已连续举办4届，深受旅游企业和用人单位的好评。在每届大赛前，各旅行社的负责人都会派出代表亲临现场，部分未被邀请的企业听闻消息也前来选人，课程考核与就业实习紧密相连，得到学生和用人单位的一致认可。

另一方面，则是在模拟导游课程设计中，鼓励学生积极参加行业组织

的导游大赛，让他们在社会的舞台上展示所学技能。学生连续两年参加"步云山杯"和"发现王国杯"东北地区导游大赛，成绩优异，获得奖杯和证书，得到旅游行业人士和同行院校的高度评价。这也成为他们走向工作岗位的"通行证"。

吕坤宏：我对职业教育的几点理解

一、我的职业教育创业经历

2005年，重庆大力发展软件科技行业。在此背景下，我投资创立重庆足下科技有限公司。经重庆市经信委引荐，公司入驻重庆大学国家大学科技园，并被认定为"双软企业"。作为重庆重点软件企业4家代表之一，公司参加了在大连举办的第四届中国国际软件和信息服务交易博览会。彼时，重庆的软件行业刚起步，人才极度匮乏。为响应政府号召，解决这一现实难题，在重庆市人力资源和社会保障局的扶持与批准下，我又投资创办了足下软件职业培训学院，率先在重庆地区开展IT软件人才培养工作。惠普重庆研发中心的第一批员工便来自足下的培训。

近20年来，足下累计为社会培训输送IT高技能人才10万余人，为提升重庆高新技术产业竞争力、助力成渝地区双城经济圈建设提供了有力的人才支撑，推动了重庆软件产业的高质量发展。学院先后被授予重庆市软件和信息服务人才培养基地、重庆市级高技能人才培训基地、重庆市软件人才"超级工厂"、重庆市软件人才实习实训基地、重庆市服务贸易（外包）人才培训基地、重庆市新职业培训示范基地、重庆市"智能+技能"人才创新创业孵化空间、重庆退役军人职业技能优秀承训机构、重庆市就业创业工作先进集体以及优秀就业服务成果奖等100余项资质荣誉，并荣获职业教育界最高奖——黄炎培职业教育奖"优秀学校奖"。

为推动和引领职业教育行业发展，2013年我发起成立"中国职业教育联盟"，并被推选为联盟理事长。自联盟成立以来，已向100多个教育成员单位开放共享自主研发的专业教材、信息化教学系统和人才培养体系。

同时，为积极响应和落实国家加快发展现代职业教育的政策，我带领集团核心骨干，依托足下科技公司"高新技术企业"强大的研发能力，结合人才培养特色与经验，借助大数据技术优势，自主研发了九大服务现代职业教育的智能信息化系统，形成基于产教融合的现代职业教育十大特色培养模式。建成5大专业群32个专业，研发400多本专业教材。与全国185所高校开展学生实习实训合作，与全国10个省市50余所院校开展深度校企合作、协同育人，共建产业学院。目前，产教融合项目班在读学生已突破3万人，为中国互联网产业输送了大量优秀技术型、创新型人才。足下连续多年被教育部评选为"产学合作协同育人项目"推荐单位、优秀校企合作企业，已成为全国职业教育校企合作、产教融合的标杆和示范。如今，足下已发展成为一家集"科技创新、人才培养和产业服务"于一体的现代化科技教育集团。

二、我在办学实践中的创业感悟

近20年的办学创业历程，让我有诸多深刻感悟。首先，把握机遇、顺应时代需求和政策导向至关重要。重庆软件业起步阶段，创立软件企业与软件人才培训学校，正是借助了行业发展与政策支持的东风。其次，使命感是持续前行的动力源泉。我立志成就500万行业精英，这一愿景推动着企业不断奋进。再者，办学质量与口碑是长远发展的根基。足下获得的100余项政府荣誉，铸就了品牌影响力，成就了今日的发展。最后，创新、合作与资源共享不可或缺。发起成立行业联盟，实现资源共享，让我深刻认识到合作能够推动行业进步。持续研发新系统与培养模式、开展校企合作，以创新驱动引领职业教育发展，虽历经艰辛，但成果意义重大。未来，我们仍将砥砺奋进。

三、如何培养学生的职业精神

我们构建了一条清晰的学生职业精神培养路径，即从"装模作样"转变为"像模像样"，进而达到"有模有样"，最终成长为真正的职业人。这一路径可通过以下步骤实现。

（1）提升学生职业思维认知。通过开设"工作思维品牌课"等系列职业素质课程，助力学生建立职场思维、提升认知水平，增强其在"时间管理""情绪管理""学习管理"和"计划管理"等方面的能力。

（2）营造真实职业氛围。通过"班级公司化"管理模式，营造企业化氛围，促进学生自我管理与自我提升。建立仿真实训室，模拟真实工作环境，使学生能够在仿真情境中开展职业技能训练。

（3）帮助学生养成职业习惯。通过借助课程学习、实践活动以及各类技能比赛，提升学生的实践能力与职业素养。引导学生树立明确的职业生涯发展目标，培育正确的职业心态，助力他们成长为真正意义上的职业人。

四、职业教育校园文化建设路径

职业教育校园文化建设是一项系统工程，主要建设路径如下。

（1）要构建完善的校园文化标识系统，设计独特的校徽、美观的指示牌，合理规划文化功能区域，科学划分教学区、生活区、运动区并优化布局，彰显职业教育特色与校园风貌。

（2）打造成体系的学校文化内涵，以我校为例，拥有自身的使命、梦想、价值观，以及"三度出三才"的特色人才培养核心理念，还有健康文化、爱的文化、成就人的文化等丰富内涵。

（3）营造健康的精神文化环境，以发挥榜样引领作用，用励志故事激励师生。例如，选塑足下学生成长"百人榜"、读足下的十大理由"励志榜样"等，激励学生不断成长进步。

（4）打造特色的实训基地，如我们打造项目化专业实训室，按照企业标准进行配置，强化实践教学环节。

（5）开展丰富的精神文化活动，如我们举办各类技能大赛、职业素质课堂、文化讲座等活动，提升师生综合素养。建立健全的学生管理制度，教师陪伴学生成长，共同践行学校文化。开展文明礼仪教育活动，培养学生良好行为习惯，提升文明素养。通过多方面协同，构建优质的职业教育校园文化。

五、我对职业教育的几点理解

（一）职业教育在教育体系中的定位

职业教育是教育体系的重要组成部分，与普通教育具有同等重要地位。不同之处在于，职业教育主要针对特定职业技能或知识展开培养，更侧重于学生职业技能与职业素养的培育，注重实践与创新能力的提升，以助力学生适应工作岗位需求，增强就业与创新创业能力。职业教育强调理论与实践相结合的教育模式，主要培养应用型人才，注重学生动手能力与实践经验积累。通过实习、实训等方式，促使学生将所学知识应用于实际工作。当前，尽管职业教育的社会认可度有待进一步提高，但在国家支持与改革推动下，其在国家教育体系中的地位愈发关键，对社会经济发展的作用日益凸显。

（二）职业教育对于改善民生的重要作用

职业教育对民生的改善意义非凡，具体如下。

（1）提高就业率和就业质量。职业教育能够培养大量技术技能型人才，提升劳动者在就业市场的竞争力；通过提供丰富多元的职业技能培训，创造更多就业岗位类型，有效降低失业率，提高整体就业率与就业质量。

（2）改善家庭经济状况。接受职业教育的人员凭借所学技能，往往能获得更优质的就业机会，进而提升个人收入，改善家庭经济条件。

（3）能促进社会公平。职业教育为不同阶层人群，尤其是社会底层或边缘群体，提供向上流动的机会，有助于缩小社会的贫富差距。

（4）能推动区域经济发展。职业教育紧密贴合地区产业发展需求培养人才，能够助力产业升级与结构调整，推动区域经济发展。

（三）职业教育如何促进地方经济和产业的发展

职业教育对地方经济和产业发展的推动作用，可通过以下两方面具体实现。

（1）精准设置专业课程。依据地方产业特色与需求，开设前沿专业课程，精准培育适配技能人才。例如，重庆大力发展数字信息产业，我们便着力培养数字技术和软件信息等领域人才。这些专业人才进入当地企业，可提升企业生产效率与创新能力，推动地方产业升级转型。

（2）深化校企合作。职业教育与地方企业开展合作，共同开发新技术、新产品。同时，为地方新兴产业培育储备人才，为地方经济多元化发展提供人力支持，带动整个产业链协同发展，增强地方经济活力与竞争力。

（四）职业教育如何落实产教融合、校企合作

产教融合、校企合作是职业教育高质量发展的核心路径，可通过以下三方面举措推动落地。

（1）推进专业课程体系改革。紧密结合市场需求，及时更新专业课

程内容，增加新兴行业技能培训，减少过时知识讲授。这是职业教育改革的重点任务之一。

（2）加强师资队伍建设。不能仅依赖理论型教师，应大力引入具有丰富行业经验的双师型教师，使教学更贴合实际工作场景与企业需求。

（3）强化实践教学。加大实训基地建设投入，与企业深度合作，为学生提供更多真实项目实践机会。如此培养出的学生才能切实满足企业用人需求，提升职业教育的社会认可度与竞争力。

结合我们的实践经验，实施以下措施：①校企双方建立深度合作机制，实现共商共管、共建共享、协同育人；②共建产业学院或实训基地，共享资源，由企业人员指导实践教学；③共同开发专业及课程体系，融入行业最新要素；④开展双师型教师培养，安排教师赴企业锻炼，邀请企业骨干入校授课；⑤协同开展人才培养评价，多方参与构建评价体系，将企业评价与办学成效挂钩，确保教学与产业需求紧密对接，提升人才培养质量。

（五）职业教育如何改变人才培养过程中理论与实践脱节问题

为解决人才培养过程中理论与实践脱节问题，我认为可以从以下几点入手。

（1）加强校企合作。让企业深度参与学校专业设置与教学实践，确保学生所学与企业实际需求紧密契合。

（2）优化专业课程设置。专业课程设置应坚持"源于产业""立足岗位""依托标准"原则，与行业发展紧密关联。为解决这一问题，我们集团研发了AI人才需求大数据分析平台，通过实时分析数百万条人才需求信息，开展产业分析、行业分析、岗位能力分析，形成专业调研报告、人才培养方案，指导专业建设与实施。

（3）提高实践教学比重。自主研发教学实验平台和产教融合平台，设置更多实训课程与实习机会，让学生在真实企业项目环境中实践学习，检验学习效果，提升动手实践能力，积累项目与工作经验。

（4）加强双师型教师培养。研发 OEAC 师资培训与认证系统，促进校企师资融合，统一教学标准与实施规范，打造集双元、双线、双师为一体的"三双师"型师资队伍，推动校企师资共同成长。鼓励并支持教师到企业兼职或实践，提升教师实践能力，为学生提供更优质的实践指导。

（5）组织职业技能大赛。通过组织和参与各类职业技能大赛，激发学生参与实践的积极性，为学生技能水平提供真实检验平台。

（六）职业教育师资培养方法

我们在加强师资培养方面采取了多种方法，包括但不限于以下几种。

（1）模块化师资团队建设。组建由不同专业背景教师构成的模块化团队，促进不同专业知识的交流与合作。通过模块化团队建设，提升教师的团队合作能力，增进专业知识的交流，提高教学质量。

（2）线上师资培训与认证。研发 OEAC 师资培训与认证系统，推动校企师资融合，统一教学标准与实施规范，打造"三双师"型师资队伍，确保教师培训的规范性与权威性。

（3）线下项目实战与实践。组织教师参与实际教学项目，通过实践提升教师的教学设计与实施能力。安排教师到企业或实训基地实习，使其了解行业需求与实际工作流程。

（4）校企师资融合与联合教研。加强与企业的合作，引入企业实际项目与技术，让教师参与企业实际问题研究。校企合作专业成立校企联合教研室，推进校企师资融合，以成果为导向共同推动专业建设。

（5）开展教学教研活动、说课、磨课。组织教师定期参加教学研讨会，分享教学经验，共同探讨教学方法与策略。通过"说课"和"磨课"活动，提升教师的课程设计与教学实施能力。

参考文献

[1] 辛宪章. 论口述史方法在高职教育研究中的应用[J]. 辽宁高职学报，2020，22（5）：1-4.

[2] 郑刚，余子侠. 高等教育口述史研究的实践与发展路向[J]. 高等教育研究，2015（8）：56-61.

[3] 邱昆树. 从学校记忆透视教育变革：一项口述史研究[J]. 教育发展研究，2018（24）：14-22.

[4] 周洪宇，刘来兵. 教育口述史研究：内涵、形态与价值[J]. 现代教育管理，2018（11）：1-7.

[5] 左玉河. 中国口述史研究现状与口述历史学科建设[J]. 史学理论研究，2014（4）：61-67.

[6] 夏巍，张利洪. 学前教育口述史：价值与路径[J]. 教育观察，2019（6）：19-22.

[7] 周洪宇. 教育生活史：教育史学研究新视域[J]. 教育研究，2015（6）：110-116.

[8] 杨祥银. 美国现代口述史学研究[M]. 北京：中国社会科学出版社，2016.

[9] 顾明远. 顾明远教育口述史［M］. 北京：北京师范大学出版社，2019.

[10] 鲁洁. 回望八十年：鲁洁教育口述史［M］. 重庆：重庆大学出版社，2019.

[11] 北京师范大学教师口述史研究中心. 乡村教师口述史［M］. 北京：北京师范大学出版社，2013.

[12] 吴式颖. 吴式颖口述史［M］. 北京：北京师范大学出版社，2019.

[13] 杨祥银. 与历史对话：口述史学的理论与实践［M］. 北京：中国社会科学出版社，2004.

[14] 王宇英. 口述史研究方法［M］. 北京：北京大学出版社，2019.

[15] 丁钢. 教育叙事：教育经验的理论提升［J］. 教育研究，2008（2）：3-9.

[16] 陈向明. 质的研究方法与社会科学研究［M］. 北京：教育科学出版社，2000.

[17] 艾尔·巴比. 社会研究方法［M］. 北京：华夏出版社，2018.

[18] 胡洁. 口述史访谈与历史场景的搭建——基于口述史访谈者的研究［J］. 社会，2024，44（3）：193-217.

[19] 周新国，陈鑫. 中国口述历史的规范建构：历程、内涵与展望［J］. 江苏社会科学，2024（4）：237-244.

[20] 黄聪. 口述史研究方法在体育史研究中的价值与运用［J］. 体育文化导刊，2024（11）：102-108.